思考人生价值
把握社会脉动
寻求永恒真理

# 体育生活与哲学

TIYU SHENGHUO YU ZHEXUE

童兵兵◎编著

浙江工商大学出版社 ZHEJIANG GONGSHANG UNIVERSITY PRESS | 杭州

**图书在版编目（CIP）数据**

体育生活与哲学 / 童兵兵编著 . — 杭州：浙江工商大学出版社，2022.6（2023.7重印）

ISBN 978-7-5178-4999-5

Ⅰ.①体… Ⅱ.①童… Ⅲ.①体育—关系—哲学 Ⅳ.① G80-05

中国版本图书馆 CIP 数据核字（2022）第 099315 号

**体育生活与哲学**

TIYU SHENGHUO YU ZHEXUE

童兵兵 编著

| | |
|---|---|
| **责任编辑** | 张婷婷 |
| **封面设计** | 浙信文化 |
| **责任印制** | 包建辉 |
| **出版发行** | 浙江工商大学出版社 |
| | （杭州市教工路 198 号　邮政编码 310012） |
| | （E-mail：zjgsupress@163.com） |
| | （网址：http://www.zjgsupress.com） |
| | 电话：0571-88904980，88831806（传真） |
| **排　　版** | C 点冰橘子 |
| **印　　刷** | 广东虎彩云印刷有限公司绍兴分公司 |
| **开　　本** | 710mm×1000mm　1/16 |
| **印　　张** | 13 |
| **字　　数** | 161 千 |
| **版 印 次** | 2022 年 6 月第 1 版　2023 年 7 月第 2 次印刷 |
| **书　　号** | ISBN 978-7-5178-4999-5 |
| **定　　价** | 46.00 元 |

# 前　言

　　哲学思维在现代已经是人的综合素质高低的重要表现内容。具有哲学思维能力的人，能够统观全局，运筹帷幄。作为人类认识的思想智慧的结晶，哲学与各门科学既相互区别又相互联系，体育生活中也蕴含着哲学的思维、方法和精神，因此，体育生既要掌握运动技能，又要懂智慧，善于去发现和探索体育生应有的体育哲学精神和意识。本书将马克思主义的本体论、认识论、社会历史观等哲学理论与体育生的训练、比赛、文化学习、思想观念等生活实际相结合，把马克思主义的哲学原理通俗化，让枯燥乏味的哲学理论传授得更加接地气，帮助体育生客观地认识事物，正确看待在体育生活实践中的困境、矛盾和前景，如胜与败、攻与守、苦与乐、量变与质变、整体与部分、个人与集体的关系，有助于他们透过现象看本质，跳出日常思维的框框，学会"思考自己的思考"，从而让体育生学会用哲学的眼光看世界，用哲学的视角思考体育现象和体育人生，进而思考人生价值、把握社会脉动、寻求永恒真理。

　　毛泽东曾指出："任何思想，如果不和客观的实际的事物相联系，如果没有客观存在的需要，如果不为人民群众所掌握，即使是最好的东西，即使是马克思列宁主义，也是不起作用的。"掌握和运用马克思主义哲学的基本原理，对于运动员、教练员的体育训练和竞赛实践具有重要价值。本人作为一名在体育战线30多年的教育工作者，本着突出基础性、通俗性、实用性和创新性，力求在运动员中做好马克思主义哲学宣传普及工作，提升哲学素养，树立科学的体育观、价值观，助力实现体育强国梦、中国梦。

本书共分为十章，编写过程中得到张建庆教授、杨志敏教授的指导与帮助，在此表示感谢！由于作者的能力和水平有限，书稿中难免有纰漏，同时文字上亦有不尽完善的地方，恳请专家和同行指正。

# 目　录

# 第一章　美好生活的向导

## 一、哲学和哲学的基本问题

**| 情境导入 |**

"哲学就像密涅瓦的猫头鹰"，许多人在谈论哲学的时候，都经常引用黑格尔的这个比喻。在黑格尔看来，哲学就像密涅瓦的猫头鹰一样，它不是在旭日东升的时候在蓝天里翱翔，而是在薄暮降临的时候才悄然起飞。

这里的密涅瓦即古希腊神话中的智慧女神雅典娜，栖落在她身边的猫头鹰则是思想和理性的象征。黑格尔用密涅瓦的猫头鹰在黄昏时起飞来比喻哲学，意在说明哲学是一种反思活动，是一种沉思的理性。

人类进入文明时期以后，就尝试着运用自己的理性去理解周围的事物和现象，从那时起，哲学作为理论思维的意识形式就诞生了。那什么是哲学以及哲学的基本问题呢？

## （一）哲学

从字面含义讲，哲学是聪明学、智慧学。"哲"由"折"和"口"构成，即"口"令人"折服"。哲的本义是聪明、智慧。所谓哲人，就是通达事理、才能和见识超越寻常之人。哲学在我国自古以来长期称作"道""道术""玄学""理学"。哲学在古希腊原本是"爱智慧"之义。相传古希腊科学家毕达哥拉斯曾经说过，他不是一个智者，而是一个爱智者。"哲学"一词就由"爱智"演变而来。19世纪日本最早的西方学者西周首次用中国汉字"哲学"二字表述源于古希腊的西方哲学学说。中国晚清学者黄遵宪又将这一表述介绍到我国，于是中国学术界逐渐使用"哲学"一词。所以，从本义上讲，所谓哲学，就是聪明之学、智慧之学。

| 相关链接 |

古希腊是欧洲哲学的发源地。泰勒斯就是古希腊第一位很有智慧的哲学家。无论天文、水利，还是数学，他都有独到的见解。在2600年前，他就曾经预测过一次日食，并根据影子的比例计算过金字塔的高度，还规定一年有365天。另一位哲学家亚里士多德，也博学多才，对于逻辑、历史、政治、经济、文学、科学，样样通达、观点鲜明，有希腊哲人之称。所以，恩格斯说"最早的希腊哲学家也是自然科学家"，他们是一些"最博学的人"。

在我国，哲学被认为是一种明透的道理。明，明白，清清楚楚；透，深透，揭示事物本质。古书云，哲者，智也，通理也。凡懂得这种明透道理的人，就叫哲人。能获得"哲人"美称的，这是人们对他智慧的最高奖赏。

从研究对象上讲，哲学是关于世界观和方法论的学说。任何一个健全的人都会在生活实践中逐渐形成一定的世界观。所谓世界观，就是人们对于整个世界的根本观点和根本看法。人类自从和古猿揖别开始，为了获得生存所必需的物质资料，时刻都同现实世界打交道。在这个过程中，人们不仅要认识周围的自然界，也要逐渐积累对自己同自然界之间的关系的认识。开始，人们只是对个别的具体事物有所认识，久而久之，这种认识逐渐丰富并连贯起来，就形成了人们对世界的看法。当人们形成了一定的世界观之后，就会按照这些观点去解释一切现象，处理各种问题。世界观也就成为指导人们观察、思考和解决各种问题的基本原则，这就是我们通常所说的方法论。

**| 名人名言 |**

哲学起源于人们意识到自己对人生必要事物的无力与无能。

——爱比克泰德

从世界观和方法论的关系讲，哲学是系统化、理论化的世界观和方法论。哲学既是世界观，又是方法论，但哲学并不等同于一般的世界观和方法论。世界观人人都有，每个人都有它观察、认识和处理问题的方法。不过一般人的世界观和方法论多是自发的、朴素的、零碎不全的，或者说不是定型化、系统化和理论化的世界观和方法论。而哲学则是把人们的世界观和方法论用理论的形式加以高度抽象概括，通过一系列特有的概念、观点、原理、规律、范畴和方法集结而成的具有系统化、理论化的世界观和方法论。

从与各门具体学科的关系讲，哲学是关于自然知识、社会知识和思维知识的概括和总结。整个世界分为自然界、人类社会和思维三大领域，因而人类的知识也分为自然知识、社会知识和思维知识三大部分。一般具体科学只是就世界的某一领域、某一系统或某一层面的问题作为研究对象，揭示和反映该领域、该系统、该层面的特殊本质和个性规律，而哲学则是以整个世界作为研究对象，揭示和反映世界的一般本质和普遍规律。哲学与各具体科学是一般与个别、共性与个性、概括与素材、指导与基础的关系。各具体科学是哲学的基础，并为哲学的发展提供素材；而哲学则是各具体科学的高度概括和总结，并为各具体科学的研究和发展提供世界观和方法论的指导。

从与时代的关系上讲，哲学是时代精神的精华。哲学是时代的产物，是人类文明和智慧的结晶。马克思曾说："任何真正的哲学都是自己时代精神的精华。"某一种真正的哲学总是在承继前人优秀思想文化的基础上，吸纳和概括当代最新的文明成果，反映和印烙着该时代的精神特质和历史需求，并为人们认识世界和改造世界提供新的认识工具或理论武器。

**| 相关链接 |**

苏格拉底提出"美德即知识"；笛卡尔提出"我思故我在"；培根提出"知识就是力量"；康德提出"人为自然立法"；黑格尔提出"凡是现实的都是合理的，凡是合理的都是现实的"；萨特提出"存在先于本质"；波普尔提出"凡是真的，必曾假的"；艾耶尔则认为"价值判断无异于'好哇'或'呸'"；马克思则提出"历史不过是生产方式史"；等等。不同的时代，人们对真知的看法存在着巨大的差别，究其原因，在于不同的时代向人们提出了不同的任务；对于不同的任务，人们会有不同的解决方法和价值理念。这些方法和理念一旦与时代的要求相一致，就获得了"合法性"的地位，成为反映时代合理要求的时代精神。

因此，关于哲学的定义，简单的表述可用一句话：哲学是关于世界观和方法论的学说。完整的表述可用五句话：哲学是智慧学、聪明学，是关于世界观和方法论的学说，是系统化、理论化的世界观和方法论，是关于自然知识、社会知识和思维知识的概括和总结，是时代精神的精华。

## （二）哲学的基本问题

早在原始社会，原始人类就开始思考做梦和死亡现象，认为人做梦和死亡时灵魂就离开人的身体而单独活动。他们不得不思考灵魂的我与肉体的我的关系，也就是灵魂与外部世界的关系。在欧洲的中世纪，神学占据统治地位，哲学成为神学的婢女。随着近代科学和工业兴起，如何认识世界、获取科学知识的要求使哲学更加自觉地以思维与存在、主观与客观的关系问题作为自己的基本形式。恩格斯第一次明确而系统地提出了哲学基本问题的理论，为系统而深入地认识人类哲学的发展提供了基本线索。尽管哲学的发展千姿百态，但其基本问题都不过是思维与存在的关系问题的不同表现形态。

哲学的基本问题的内容包括两个方面：第一方面是本体论，即思维和存在、精神和物质何者是第一性的、何者是世界的本原的问题。对此所作的不同回答，是划分唯物主义和唯心主义两大哲学阵营的唯一标准。凡是认为物质第一性，精神第二性，物质决定精神，物质是世界的本原，而精神不过是高度发展的物质——人脑的机能和属性，是对物质世界的反映的，都属于唯物主义派别。相反，凡认为精神第一性，物质第二性，精神是世界的本原，而物质不过是精神的产物和表现的，都属于唯心主义派别。

**| 相关链接 |**

唯心主义又有两种基本形态：一种叫主观唯心主义，另一种叫客观唯心主义。主观唯心主义认为人的主观精神、意志决定一切。宋代哲学家陆九渊认为："宇宙便是吾心，吾心便是宇宙。"明代哲学家王阳明则宣称："心外无物，心外无事，心外无理。"18世纪英国大主教贝克莱则说"物是观念的集合""存在就是被感知"。这些都是主观唯心主义的观点。

客观唯心主义则认为某种客观的精神（如神、上帝之类）决定一切。古希腊哲学家柏拉图认为客观上存在一种称为"理念"的精神本体，现实世界不过是理念世界的影子。近代德国哲学家黑格尔把这种客观精神叫作"绝对精神"，认为物质世界是绝对精神运动发展到一定阶段派生出来的。中国宋代哲学家朱熹主张"理"一元论，认为理在事先，理在气先。

——王家忠《哲学七讲（大众读本）》，中国社会科学出版社2016年版

第二方面是认识论，即思维和存在是否具有同一性，思维能否反映存在、认识存在的问题。对此所作的不同回答，是划分可知论和不可知论的标准。可知论坚持思维和存在具有同一性，认为世界上只有尚未认

识的事物，而没有根本不可认识的事物。所有的唯物主义哲学家和彻底的唯心主义哲学家都属于可知论。不可知论否认思维和存在具有同一性，否认认识世界的可能性，或者否认彻底认识世界的可能性。英国哲学家休谟认为人不可能认识世界，德国哲学家康德认为人不能彻底认识世界，即只能认识世界的现象而不能认识世界的本质。休谟和康德是不可知论的代表，他们的基本倾向是唯心主义的。

| 拓展阅读 |

　　关于我国古代哲学家庄子与惠施，有个小故事。故事说："庄周惠施游于濠梁之上，庄子曰：'鲦鱼出游从容，是鱼之乐也。'惠子曰：'子非鱼，安知鱼之乐？'庄子曰：'子非我，安知我不知鱼之乐？'"在这里，惠施就代表了一种观点：你不是鱼，就不知鱼的快乐，你不是物，也不知道物的道理，世界是不可知的。

思维和存在、精神和物质的关系是多层面的，但上述两个方面最为重要，而第一方面是决定性的方面。

# 二、体育生活与哲学

| 情境导入 |

## 人啊，认识你自己

阿波罗是古希腊神话中的太阳神，寓意理性。关于他的故事有许多，其中有一个说的是他与恶龙搏斗，并最终将恶龙斩杀的故事。恶龙的名字叫皮同，斩杀恶龙的地方叫得尔斐。于是崇拜阿波罗的人们就在得尔斐建了一座神庙，来祭祀这位伟大的神祇。

几千年过去了，阿波罗的英雄故事依然为文学家们所传唱。然而，得尔斐神庙门口所镌刻的一句话却引起了哲学家们的深思，这句话就是："人啊，认识你自己。"其实，思考这个问题的不仅是哲学家，还应该是每一个人，因为这个问题就是向每一个人问的。

## （一）哲学可以识体育之理、明体育之智、获体育之慧

人是智慧的追求者，当人在追求智慧时，就必然要面对人本身，就会有"人是什么"的追问以及对人之生、老、病、死的理解。其实，也只有人才会问"我是谁"这个问题，对这个问题的探索把人与动物区别开来。整个人类历史几千年来的发展，无不体现了对这个问题的思考。

**|名人名言|**

　　如果你只想让孩子现在做一架应试的机器，将来做一架就业的机器，当然就不必让他"学"哲学了。可是，倘若不是如此，你更想使孩子成长为一个优秀的人，哲学就是"必修课"。通过对世界和人生的那些既"无用"又"无解"的重大问题的思考，哲学给予人的是开阔的眼光、自由的头脑和智慧的生活态度，而这些品质必将造福整个人生。

——周国平

　　哲学的本意——爱智慧，这正是人的自然本性。然而，很多体育生，虽然四肢发达，头脑却简单，觉得求知、思考是没有必要的事情，毫无疑问，这是教育的一种缺失。体育生每天都在进行运动训练，有没有追问过"什么是体育"呢？认为体育是强身健体、培养和教育人的活动，这还不够全面，体育最本质的体现应该是促进人的全面发展，它始终是一种适应人类社会需求的社会活动，是一种与文化、教育相媲美的社会现象。

　　"哲学源于惊奇"，雅典城外的阿波罗神墙上铭刻的这句名言，清楚地体现了先哲们最早认识到了体育是人类认识自我的一种方式，即人们在体育活动和竞技中体会到的力量与欢愉源于人自身。下面来看看古希腊的哲学家是如何认识体育的。

　　苏格拉底、柏拉图和亚里士多德是古希腊最著名的思想家。苏格拉底的身世非常贫寒，他一生中参加过多次战争，从而感悟到身体健康的重要性。他深感雅典的人民只注重表面的虚无，对体育锻炼和军事训练并不重视。针对这种社会弊端，他反复提醒雅典人要重视体育锻炼，要不懈地提高身体素质。在苏格拉底眼中，没有健全的体魄，就不可能学好文化，也就更谈不上捍卫国家了。他对社会反复强调，在人的一生中做任何事都"离不开强健的身体和精神"，并极力主张努力去锻炼身体。在柏拉图的《理想国》里，记录了苏格拉底有关终身体育的思想："体育教育与音乐教育一样，应该让他们从小就开始接受。而且，体育训练应该十分小心，并且要终其一生。"

在体育运动的实践上，柏拉图超过了自己的老师。他是一名体育健将，曾经做过角力手，在伊斯特摩运动会上取得过优异成绩。柏拉图说："音乐和体育联合的潜移默化，可以使两者（指理性与情感）和谐，因为他们以高贵的文字、榜样来强化、支持理性，并且用和谐与节奏来节制、抚慰和文明化感情的放荡不羁。"柏拉图提倡进行身体锻炼，并且身体锻炼要适度，运动形式简单明了，而不应该像职业运动员那样进行超出人们正常负荷的运动。他认为，适度的、有规律的锻炼才可以起到教育的功能。

亚里士多德是古希腊最著名的哲学家之一。从苏格拉底到亚里士多德，"节制""勇敢"和"公正"这三种最重要的品质贯穿于他们的思想中。希腊哲学家亚里士多德认为，人们欲获得幸福，就必须具备这三种最基本的品质。他明确指出，体育有助于"培养人的勇敢"，"勇敢"是诸多品质教育中最重要的内容。"勇敢"必须依靠体育，而依靠体育就离不开人们对人体及其力量的观察与思考。亚里士多德说："如若（身体）状况良好是指肌肉的结实，那么，状况不佳必定是指肌肉的衰弱。要造成良好的身体，就在于肌肉结实。"可见亚里士多德对体育促进肌肉发达的原理很了解。根据他的认识和理解，亚里士多德对体育做了如下总结："习惯上教育大致可以分为四种，即读写、体育、音乐和绘画。读写和绘画知识在生活中有许多用途，体育锻炼有助于培养人的勇敢。"他认为健康是基础，勇敢是品德，所以应该优先开展体育。

哲学是求智慧之学。它追寻事物何所来、何所去、何所用、何所系，它追问本质、追问价值、追问意义、追问本身。任何学问的高级境界都将进入哲学的领域，反之，没有进入哲学境界的学问，不算高深学问。所以，体育需要哲学，同时哲学也需要体育。没有哲学，难以识体育之理、明体育之智、获体育之慧。没有体育，哲学对人类行为的探讨，将是不完整的，难以达到应有的高度、深度和广度。

## （二）体育生学习哲学将终生受益

首先，哲学对体育生具有指导作用，体育生学习哲学可以帮助其树立辩证唯物主义的体育科学观。马克思主义哲学是我们时代精神上的精华和思想智慧，是我们美好生活的向导。它不仅可以帮助我们树立正确的世界观、人生观和价值观，而且可以在运动训练中帮助运动员、教练员形成正确的思维方法，多角度地观察运动中的现象，抓住运动中最具宏观性、方向性、指导性的问题，在训练和比赛中发挥积极的作用。体育发展的历史和现实都表明，任何一个具体的体育项目都不能为我们提供有效的世界观层次上的指导，唯有哲学能够给我们提供关于体质、生命、健康、运动技能、文化等全方位的、系统的总体看法和基本观点，有一个明确的方向和理论指导。否则就事论事，孤立看问题，往往会带有主观片面性。因此，学习和研究哲学常识，能使我们高瞻远瞩，避免盲目性、片面性。

| 拓展阅读 |

### 运动员学哲学

邓亚萍

作为一名乒乓球运动员，我感到在中国乒乓球队，时常闪烁着唯物辩证法的光芒，遗憾的是当时我对哲学理论的知识知之甚少，更没有自觉地、有意识地用哲学理论来指导实践，也没有把实践上升到哲学原理的高度来认识。所庆幸的是，在我即将结束在清华大学学习之前弥补了马克思主义哲学原理这一课，这对我来说意义是极其深远的。通过学习，我更加坚定了科学的世界观和人生观，明确了什么是唯物主义和唯心主义，懂得了我们国家为什么要坚定不移地走有中国特色的社会主义道路。

辩证唯物主义认识论是以实践为基础的能动的反映论。它把科学的实践观引入认识论，把辩证法应用于认识论，使认识论成为科学的认识论，为我们认识世界和改造世界提供了正确的途径和认识的工具。我们只有学习和掌握了辩证唯物主义及认识论，并运用它去指导自己的行动，去正确地观察、分析和解决现实生活中的问题，才能无往而不胜。

回顾我们中国乒乓球队称雄世界乒坛40多年长盛不衰的历史，我觉得其中很重要的一个原因是，我们在平时的训练中，在重大的国际赛事中，能自觉或不自觉地用唯物辩证法作为指导，从而取得了辉煌的战绩。

如在第三十五届世界乒乓球锦标赛中，中国女队的童玲对东道主朝鲜队的朴英顺。当时朴英顺是朝鲜队的一号选手，她曾获得过女单的世界冠军，有一定的实力，加上又占据天时、地利、人和的优势，夺标的呼声很高，形势对我方很不利。但是在一片为朴英顺助威呐喊声中，童玲并没有胆怯，她把困难和压力变为自己的动力，在0：2落后的情况下，丝毫没有动摇自己必胜的信心和顽强拼搏的斗志，沉着冷静，越战越勇，最后连扳三局反败为胜。

　　像童玲这样在激烈、紧张的比赛中，能化险为夷、力挽狂澜的事例在中国乒乓球队并不少见。这充分说明了"矛盾着的对立的双方相互斗争的结果，无不在一定的条件下互相转化。在这里，条件是重要的。没有一定的条件，斗争着的双方都不会转化"。我们的运动员之所以常常能变被动为主动，使事物向着对我们有利的方向发展，决定的条件就是百折不回的精神，高超的球技以及对矛盾有充分的认识并通过适当的方式去解决矛盾。

　　再如，如何对待瑞典队的头号选手瓦尔德内尔的问题。瑞典乒乓球队是世界乒坛中的一支强队，我国男队和瑞典队的比赛一直互有胜负。尤其是瑞典队的头号选手瓦尔德内尔曾多次战胜中国选手，构成了对中国队的巨大威胁，所以每逢和他比赛，我们有些队员就会产生害怕，甚至恐惧心理，信心不足。刘国梁以往是男队里同瓦尔德内尔交手取胜率最高的一个。他的一些想法很具辩证的观点，对大家很有启发。他认为对问题应该换一个角度去分析：我们害怕他，反过来他也害怕我们，两强相遇勇者胜，再说瓦尔德内尔虽然球龄长，经验丰富，但他年龄也大，他每多打一场球，就意味着他的一次老化和退步，毕竟瓦尔德内尔是人而不是神。

　　我国乒乓球队有优良的传统和过硬的作风，通过学习马克思主义哲学，我觉得至少有以下几点经验值得很好地总结：

　　一、大赛之前做好充分准备，运用矛盾分析的方法，找出矛盾之所在，正视它、研究它。古语说："知彼知己，百战不殆。"

二、在研究、分析矛盾的基础上，制订周密的战略战术，采取恰当的方式、方法去解决矛盾，避免盲目性，加强针对性。

三、用唯物辩证法的观点去看待事物，从运动、变化、发展中找到一般的和特殊的矛盾，从而使我们立于不败之地。

人的生命是有限的，我们每个人都应该认真地、仔细地考虑，在我们短暂的一生中，应该为人类、社会、国家和民族做些什么。我从5岁开始打乒乓球，对乒乓球情有独钟。在还不知道什么是为国争光的时候，我就立志去夺取世界冠军。在自身条件不足的情况下，历尽艰辛，终于在16岁时第一次获得世界冠军。后来在9年的时间里，共取得18个世界冠军，其中包括4个奥运会冠军。当我第一次拿到世界冠军，站在高高的领奖台上，看着五星红旗冉冉升起的时候，才开始懂得为国争光的真正含义：打球夺冠不仅是为了个人，祖国的荣誉和利益高于一切。当我有了这种崇高的责任感和使命感后，虽觉得自己肩上的担子重了，压力大了，但我有亿万人的支持和鼓励，有强大的祖国做我的后盾，我又有何畏惧？崇高的理想激励我奋发向上，使我心胸坦荡。人们常说"心底无私天地宽"，打球也是一样，只有胸怀祖国，而不过多地考虑个人得失，打起球来才会越打越轻松，越打越自信。

目前，我的乒乓生涯已经告一段落，但是祖国永远在我心中，为国争光是我矢志不渝的追求。

离开球队以后，我开始了系统的学习。长期以来我就盼望着有朝一日能进入大学进行深造。还在小的时候，我就听说清华大学是我国一所著名的大学，但那时我离它太遥远。只有在

1996年，我终于如愿以偿地走进了这所在世界上享有盛誉的高等学府后，才对学校的人文和历史有所了解。通过这几年在清华大学的学习，我感受最深的是这里的教师以身示教、为人师表的优秀品质和人格魅力。我从他们那里不仅学到了文化知识，更领悟到了做人的真谛。

不久，我就将结束在清华大学的学业，几年的学习，使我受益匪浅。通过学习，我更坚定了为中国体育能立足于世界体坛做贡献的决心，正如清华校训所说：自强不息，厚德载物。我一定要将这些做人的道理铭记在心，受用一生。

——《人民日报》2001年5月18日第10版

其次，体育生学习哲学可以提升哲学素养，活跃思维。观之篮球训练，一名普通的篮球运动员发展成为一名"超级球星"，也需经历量的积累。量的积累来自球员平时刻苦训练，不断思考，从技术上、身体素质上、心理上、战术上不断提高，才可能在比赛中一鸣惊人，发生质的变化，才有可能成为"超级明星"。如果没有平时的训练积累，想一跃成为超级明星，是不可能的。这就是哲学中量变是质变的必要准备的道理。再比如篮球运动之所以引人入胜，是因为篮球比赛的攻防对抗激烈。在篮球运动中，没有进攻就不存在防守，没有防守进攻将失去其价值。篮球运动员的一切行动都是围绕进攻、防守这对矛盾进行的，两者既对立又统一。任何一项进攻技术与战术的创新和发展，也必然会促进防守水平的进一步提高；而任何一项防守技术与战术的创新和发展，也必然会促进进攻水平的进一步提高。它们相辅相成，相互作用，相互影响，相互促进。这就是"矛盾是推动事物不断发展的根本动力"的哲学道理。体育具有自然属性，更具有社会属性，它要求体育生不仅应该掌握精深的专项技能，而且应当具备必要的哲学素养。通过哲学素养的潜移默化，能够在实际的体育工作中扩大知识面，拓宽视野，活跃思维，跳出体育专项的狭小天地，走向更加广阔的天地，在看似孤立的知识模块之间编织起联系之网，从整体上加深对人与自然以及体育的本质、特点及其发展规律的认识，从而使自己的知识结构由"I型"过渡到"T型"（复合型），达到知识结构的多元化，更好地适应现代科技和社会的发展。

过分夸大哲学的指导作用，鼓吹哲学万能论是不对的，学习哲学并不能因此而获得金牌；同样，否认哲学的指导作用，认为哲学无用论也是不对的。在一定意义上说，哲学不过是一种运思方式而已，它并不能直接提高运动成绩，但有什么世界观，就有什么样的方法论。唯有参与到哲学的思考当中，才能领会其思考问题的方式。学习哲学，无非就是要学习哲学的这种思考方式。当年康德就曾经告诫他的听众："学生唯一可学的仅是进行哲学式的思考。"所以哲学既不能"教"，也无法"学"，只能靠参与。从这个意义上，领会哲学，就不能当一个置身事外的旁观者、"局外人"，而应该当"剧中人"。哲学其实是丰富多彩的，它就在我们每个人的身边，但需要我们参与其中才能领略哲学的智慧和精妙。

| 阅读与思考 |

徐寅生是我国乒乓球选手中很有思想和头脑的运动员，所发表的《关于如何打乒乓球》受到了一代伟人毛泽东及全国各界的高度评价和热烈欢迎，并对女队翻身起到至关重要的作用，这在乒乓球界乃至整个体育界都是少见的。同时徐寅生还是我国乒乓球选手中担任领导职位最高、时间最长的人。以下是1964年徐寅生对中国女子乒乓球运动员的讲

话中节选的内容。

## 谈谈训练和比赛中怎么动脑筋

第一，练球时动脑筋不外乎从拍形、击球点、发力、步法这些方面去研究，只要不违反基本规律就行了，不要用一种手法打球。如果你打一个加转球，就要知道应该接触球的哪个位置，要求乒乓球拍形成什么角度，才能接触到这个地方，还要知道手的哪个位置用力，等等。打各种不同的来球，都有不同的要求，所以当你用一种手法打球连续丢了几个球时，就应该换一换，试试改变拍形、接触点、发力。当你打着了以后，就可以想想为什么打着，两种打法就有两种体会。不然的话，老是一个动作，前一个球失误了，后一个球还是要失误的。

第二，训练中还要注意抓主要技术。不要光练自己缺点的方面，特长反而练得少了。主要技术要紧紧抓住不放，反复练习，不断熟练提高。有些人为了加强防守，反而忽视了主动进攻。有些主要技术因为在国内运用不多，就不多练，慢慢也会退步。所以主要技术要抓住不放。

第三，训练中要善于"记"，譬如碰到上旋球，球拍上有什么感觉，碰到下旋球又是什么感觉，脑子里要有一个深刻的印象，以后一碰上这种球，即使输了也知道是什么原因；甚至连球上有脏东西、有汗，打的时候也能马上感觉出来。另外，把对手的打法也要记在心里，对方什么样的角度，什么样的动作，会打出什么球来。有印象，下次碰到就可以预先防备，也可以向人家学习，以后自己也可以打。

第四，要学会总结好的训练方法。自己在练习中应当注意哪些训练进步快，哪些方法用处不大，好的总结再发展，不好的可以改进。对于教练员布置的内容，也要想一想是否合适，在实践中发现问题，敢于提出不同的看法，以求改进提高。有些人往往对教练员布置的内容不考虑效果好坏，认为都好。这样训练的方法就会停留在原来的水平上。

比赛时最重要的一条是想法子发挥自己的特点。有些人打球只根据对方情况打，对方正手差我就打正手，反手差我就打反手，但是更主要的还应考虑发挥自己的特点。有时候用自己的特点对付对方的特长，也可以打得通。当特长运用不通时，我们必须用自己的辅助战术，或者说"特短"。同对方比赛时，自己应该有充分的信心。如果总觉得自己不行，无论用特长或"特短"都不会成功。

有时候还要通过分析对方心理来决定战术。这样可以长自己的志气，鼓舞自己的信心。比赛双方谁想得更好一些，谁就会赢球。在一次国际比赛中，当我和一个外国选手比赛时，我领先很多，但对方仍然镇静自若。当时我想，这不过是一种假象，"算啦，你别来这一套！"谁不会在这个时候故作镇静呢！这样我就赢下来。又一次比赛，碰上另外一个选手，开始我自己也有些紧张，但是一看对方精神面貌很差，发球时手都在哆嗦。我想，对方比我怕得还厉害，我就觉得很镇静了。比赛时，往往是你怕对方，对方也在怕你，这是指思想。再说战术上也是如此，你怕对方侧身攻，对方却怕你变线而不敢侧身。就这样，比赛中你怕我，我怕你，怕来怕去，一个有经验、善于分析、能透过表面现象看到实质的运动员，在这种时候就能占便宜。我们要学会分析对方，运用战术，驾驭别人。

——《人民日报》1965年1月17日

1. 什么是哲学？哲学和具体学科有什么区别？
2. 看了徐寅生的文章以后，你对体育生学习哲学有什么新的启示？

# 第二章　探究世界的本质

## 一、世界的物质性

　　1915年，爱因斯坦根据他的相对论得出推论：宇宙的形状取决于宇宙质量的多少。他认为，宇宙是有限封闭的。如果是这样，宇宙中物质的平均密度必须达到每立方厘米 $5 \times 10^{-30}$ 克。但是，迄今可观测到的宇宙的密度，却比这个值小100倍。也就是说，宇宙中的大多数物质"失踪"了，科学家将这种"失踪"的物质叫"暗物质"。它们不发出可见光或其他电磁波，用天文望远镜观测不到，但它们能够产生万有引力，对可见的物质产生作用。迄今的研究和分析表明，暗物质在宇宙所占的份额远远超过目前人类可以看见的物质。宇宙中最重要的成分是暗物质和暗能量，暗物质占宇宙的25%，暗能量占70%，我们通常所观测到的普通物质只占宇宙质量的5%。暗物质与暗能量的存在进一步证明了物质形态的多样性，也表明了整个世界是客观存在的物质世界。

　　——https://baijiahao.baidu.com/s?id=1616375849223566715

　　唯物主义者都认为，世界万物的本原是物质，但他们对物质的认识经历了长期发展的过程。

　　马克思主义以前的唯物主义哲学家，力图从物质世界本身去寻找世界万物的本原，提出过不少含有正确思想的论点。例如，古代希腊朴素唯物主义者泰勒斯认为水是万物的本原，古代中国唯物主义的"五行"说认为物质是金、木、水、火、土等，近代法国唯物主义者霍尔巴赫认为物质就是一切以任何一种方式刺激我们的感官的东西。但由于历史条件和科学发展水平的限制，旧唯物主义者对于物质的理解存在着重大的缺陷，他们把万物的本原归纳为某种或某几种具体的物质形态，把物质的一般特性同物质的具体形态、结构和属性混为一谈，特别是他们不能解释社会领域内的物质现象和精神现象，所以未能对物质范畴做出科学的定义。

　　马克思主义的物质观认为，物质是不依赖人的意识，并能为人的意识所反映的客观实在。

| 名人名言 |

　　物质是标志客观实在的哲学范畴，这种客观实在是人通过感觉感知的，它不依赖于我们的感觉而存在，为我们的感觉所复写、摄影、放映。

——列宁

## （一）自然界的物质性

　　在自然界中，既有姿态万千的山川湖海，也有许多看不见、摸不着却真实存在的事物和现象，如磁场、超声波、紫外线、引力波等。现代物理学揭示出一切基本粒子都有与自身对应的"反粒子"，"反粒子"组成的事物和现象，统称"反物质"。"反物质"不是非物质，而是物质的一种存在形态。现代物理学证明没有绝对的真空。过去所认为没有实物粒子的"真空"，其实存在着电磁场、引力场等各种场。由此可见，世界上的一切事物有着无限多样的形态，无穷的发展变化，浩瀚宇宙，灿烂星空，天上飞的，地上走的，大千世界，姿态万千，归根到底都是"客观实在"。正所谓"万变不离其宗"，孙悟空有七十二变，但变来变去还是孙悟空。

| 相关链接 |

### 客观实在 ≠ 客观存在

客观实在是指不管人们承认不承认、喜欢不喜欢、知道不知道，它都不依赖于人的意识而实实在在地存在着的特性。它是对世界万事万物和现象共同特性的抽象和概括，相对于意识来说，它是第一性的东西，不包括精神、意识现象。客观存在是相对于主观而言的，它既可以指具体的物质形态，也可以指具体的思想。对于任何人来说，客观存在的东西除了物质现象之外，还有精神、意识现象。

客观实在是一种客观存在。客观存在不仅包括具有客观实在性的物质现象，还包括不具有客观实在性的精神、意识现象。

## （二）人类社会的物质性

"我们从哪里来？"这是一个非常古老的哲学问题。早在远古时期，世界上许多民族都有自己关于人类起源的神话传说，在中国有关于女娲造人的传说，女娲用泥土捏成了人，并创设了人类的婚姻。进入阶级社会后，在人类的起源问题上，长期以来被涂上一层浓重的神秘主义和唯心主义的色彩，随着近代自然科学和社会科学的发展，特别是马克思主义产生以后，才揭开了人类起源的奥秘。

人类社会是物质世界长期发展的产物。"人是由古猿进化而来的"，这个看法从达尔文生物进化论问世以来，得到了人们的普遍认同，并为现代科学的不断发展所证实。马克思和恩格斯在达尔文学说成果的基础上，把从猿到人的生物进化过程，同人类社会这个物质运动的高级形式的形成过程统一起来加以研究，提出了"劳动创造了人"。

| 阅读拓展 |

古猿是一种树栖动物，其特点是有较发达的脑子、群居。后来由于自然条件发生了巨大变化，迫使古猿中的一支由树栖改为地面生活。这种新的环境和生活条件引起古猿生物形态发生了许多重大变化，其中第一个具有重大意义的变化是直立行走。直立行走使古猿的前肢得到了解放，并逐渐成了把握或简单利用天然工具的器官，用来专门从事获取生活资料的活动，从而出现了人类最初的动物式的本能的劳动形式。这种最初的劳动形式反过来又使古猿的前肢更加灵活、精巧，在经历了漫长的利用天然物的过程中，猿的前肢开始向人的手过渡，直至发展到能制造最简单的工具时，标志着猿的前肢转化为真正的人手，也标志着真正人的劳动形成。伴随着直立行走、前后肢的分化，古猿的身体结构也发生了重大变化。例如，直立行走使肺部和喉部得到扩充，发音器官逐渐得到改善，并能发出多个音节，直立行走还有利于脑髓的发展和视野的扩大等等，这些都为意识和语言的产生提供了有利的生理条件。总之，在本

能劳动的驱使下，古猿的体质形态逐渐地向着符合劳动需要的机体形态演进。与此同时，古猿的心理也不断发生变化，从对环境被动的感知向主动的感知转化。在长期使用天然物的过程中，逐渐产生了对物的特性的认识。随着"形成中的人"生理组织的进一步变化，以及劳动的形成和扩大，"这些正在形成的人，已经到了彼此间有些什么非说不可的地步了"，于是，在意识产生的同时，也就产生了语言。而在语言和劳动的推动下，又经过一个漫长的过程，古猿的脑髓逐渐演变成人的脑髓。在劳动的推动下，人类终于完成了从自然界分化的过程。

社会物质生活条件包括地理环境、人口因素和物质资料的生产方式，其中生产方式是最基本的。这三者都是客观的物质要素，集中体现了人类社会的物质性。

1. 地理环境

地理环境是指一定社会所处的自然条件的总和，包括土壤、气候、山脉、河流、海洋、矿藏、动植物分布及其他能源等。地理环境作为自然界的一部分，是自然物质，其物质性显而易见，是具有社会属性的自然物质。地理环境对人类的生存和发展有着重要的作用，而且这种作用是物质的。例如古代埃及、叙利亚、巴勒斯坦等地，还有一些东部国家，如中国、印度、朝鲜、日本等，这些大河流域的民族世世代代生息于以自给自足的小农经济为基础的社会环境中，已形成和谐、宁静与稳定的生活方式，并不热衷于带有冒险、冲突性质和对抗精神的竞争，因此素以个人的修身养性为重，这便使得保健术以及一种萌发于史前时代、采用控制呼吸等手段以获得超自然体验的特殊活动形式，在整个体育中占有较大比重。希腊三面临海，全境多山，大多数地区不宜农耕，但宜海外贸易。这样的生存环境迫使古希腊人自强奋斗、热烈追求，并铸成其思变好动、勇于竞争的性格。正是这种竞争精神和自主人格的存在，使得通过运动场上的公平竞争以满足自我、展现欲望的有效工具——竞技体育，得以广泛开展。中国武术常有"南拳北腿"的说法，由于地理环境的影响，北方游牧民族以腿部的运动及骑马等方式成为这一区域身体活动的主要形式，而南方地区是典型的农耕经济方式，人们身体活动方式主要以上肢的运动为主。

2. 人口因素

有生命的个人是有血有肉能进行活动的人，因此人具有自然的物质性。人口因素包括人口的数量、质量、构成、增长率、密度和地区分布等，这些对社会发展有着重要的作用，而且这种作用也是物质的。例如由于长期地理条件、生态环境的不同以及经济、文化发展水平的差异，导致世界各民族之间不仅存在着身体形态、机能与素质的差别，还存在着运动水平与运动成绩的差距。一般来说，欧美民族（白种人）比东方亚洲民族更具备从事体育运动的先天条件。田径运动成绩可以说是代表人类运动能力的极限，欧洲各民族早在古希腊、古罗马时代就广泛地开展田径运动，现代田径世界纪录几乎由白种人"一统天下"。亚洲人则在灵活性方面颇有天赋，如乒乓球、射击、体操、跳水等。非洲黑人在奔跑方面有不可替代的某种优势。

3. 物质资料的生产方式

生产方式是人类向自然界谋取必需的生活资料的方式，是生产力和生产关系的统一。生产力包括劳动者、劳动资料和劳动对象，生产关系包括生产资料的所有制关系、人们在生产中的地位和相互关系以及产品的分配关系，生产关系是由生产力决定的。两者都是客观的，是不以人的意志为转移的。生产关系如果不适应生产力的发展状况，就会阻碍生产力的发展，两者就像人的脚和鞋子，鞋子如果不适应你的脚，你就走不快。生产方式是客观的，是物质的。

生产方式对体育的影响也是物质的。原始社会由于生产力水平极其低下，人类形形色色的身体活动都围绕着生存这一目标，体育和生产劳动融为一体，密不可分。比如人类为了获取小动物作为食物，就要有快跑的能力；为了抵御和擒获大猛兽，就要有使用器械和投掷的力量；为了捞取水中的鱼虾作为食物，就要学会游泳的本领；为了采摘到树上的果实，就要掌握攀登的技巧。

体育文化的发展总是与一定的社会生产力发展水平相联系，从资本主义工业化开始，生产不仅为人们的生活提供了物质产品，也为体育的发展提供了场地、设施，更重要的是，为人们提供了更多的闲暇时间和自由发展的制度。因此，体育文化所反映出的不仅是体育运动本身，而且包括社会物质文化和精神文化的进步程度。我们通过小小的运动项目本身的变化也可以看到这一点。就撑竿跳高项目而言，最初的撑竿跳高比赛使用的是竹竿，又粗又笨重，且竿子的弹性又不好；后来发展到使用金属竿，轻巧而便利，大大提高了运动成绩；现在用的竿子是纤维合成竿，既轻便，弹性又好，非常有助于运动成绩的提高。因此，人类社会从本质上看是客观的物质体系，每一代人都在这个客观的物质体系中存在，没有选择的余地。

总之，自然界是物质的，人类社会的产生、存在、发展及其构成要素，也是客观的物质性。人的意识一开始就是社会的产物，它是在劳动中伴随着人和人类社会一起产生的，有关这方面的内容，我们将在下一章重点阐述。因此，世界是物质的世界，世界的真正统一性就在于它的物质性。

# 二、认识运动，把握规律

**│情境导入│**

地球诞生在46亿年前，经过"天文时期"，大量的弥散物质收缩为原始地球，是地球内部的圈层形成和演化时期；再进入"地质时期"，原始地球形成时的熔融分化，以重元素为主的物质下沉形成地核，较轻物质上浮形成地幔，地幔进一步分化出更轻的物质形成地壳，构成了地球的圈层结构。在地球内熔融和分化的过程中，大量的气体逸出地表形成原始的大气圈，在太阳辐射的紫外线等的作用下，原始大气逐渐演变成以氮和氧为主的大气；原始大气中含有的大量的水蒸气凝结成水圈，逐渐形成江河湖海。整个地壳在形成后仍在不断地运动，并且分为若干块，即板块，这些板块"浮"在地幔软流圈上缓慢移动，形成今天的各大洲和大洋。板块间相互挤压，使地壳发生垂直运动，形成山脉。

地球运动的形式从哪里来又到哪里去？是有"第一推动力"吗？是有上帝在操纵吗？是由能量守恒定律决定的吗？这些问题吸引科学家们不断探索。

## （一）哲学上的运动概念

哲学上所讲的运动是指一切事物的变化和过程，世界上一切事物都在运动。有些事物的运动是明显的，人们可以直接感觉到，如流动的河水、划破夜空的流星、运动员赛场上的奔跑等，有些是人们在一般情况下看不到的，如整个宇宙星系的运动，以及微观的物质的运动，包括分子、原子、电子以及更微小的如细菌、病毒等也是在运动的。体育运动也是多种运动形式中的一种具体的运动形式，体育运动中包含了丰富的力学运动、物理运动。化学运动、生命运动，和哲学上的运动概念是个别和一般的区别。

## （二）物质和运动是密切联系的

物质是运动的物质，运动是物质的根本属性和存在方式；运动是物质的运动，物质是运动的主体。二者是不可分割的，离开物质谈运动，或者离开运动谈物质，是根本不存在的。体育运动中的自行车项目并不"名副其实"，称它为脚踏车更为科学，在没有外力的作用下，世界上没有自己会运动的车辆。

**| 名人名言 |**

没有运动的物质和没有物质的运动一样，是不可想象的。

——恩格斯

## （三）物质世界是绝对运动和相对静止的统一

世界上没有自己会运动的车辆，然而又真有自行物或自己运动，世界上一切事物都处在运动、变化和发展中，如果说真有自行车，地球和其他行星才是自行球，它们从形成时就从原始星云获得了角动量而自行自转和绕太阳公转，它们不需要脚踏或其他的外力推动，是真正的自己运动，人们坐在地球这个自行的地球车上每天运行八万里。我们站在房间里不动，是静止的，但是地球却在不停地旋转，我们身体内的一切脏器、血液等都在不停地运动，房间内一切物品的构成材料的分子也都在运动，我们站着不动的静止是相对的，我们说没有自行车，是说自行车没有外力作用不会自己行走，但是构成自行车的各个组成部件材料的物质都在运动，即运动是绝对的，静止是相对的。物质世界是绝对运动和相对静止的统一。

**| 经典案例 |**

　　古希腊哲学家芝诺问他的学生："一支射出的箭是动的还是不动的？"

　　"那还用说，当然是动的。"

　　"确实是这样，在每个人的眼里它都是动的。可是，这支箭在每一个瞬间里都有它的位置吗？"

　　"有的，老师。"

　　"在这一瞬间里，它占据的空间和它的体积一样吗？"

　　"有确定的位置，又占据着和自身体积一样大小的空间。"

　　"那么，在这一瞬间里，这支箭是动的，还是不动的？"

　　"不动的，老师。"

　　"这一瞬间是不动的，那么其他瞬间呢？"

　　"也是不动的，老师。"

　　"所以，射出去的箭是不动的？"

　　在同一瞬间，飞矢既在这一点上，又不在这一点上。正是这一矛盾的连续产生和不断解决，使飞矢能够不断地从这一点飞到下一点。芝诺的"飞矢不动"论证的症结在于，把飞矢在某一点上的相对静止绝对化，从而陷入了形而上学的绝对静止论。只承认静止而否认运动是形而上学的不变论，只承认绝对运动而否认相对静止则导致相对主义和诡辩论。

## （四）运动是有规律的

### 1. 什么是规律

所谓规律，就是事物运动过程中固有的、本质的、必然的、稳定的联系。辩证唯物主义告诉我们，规律是客观的，是不以任何人的意志为转移的。不管人们是否认识到、承认不承认，它都客观地存在着，并以一定的方式起作用。人们不能任意地创造或消灭规律，也不能任意地改变规律，人们只能去认识规律、利用规律。

竞技体育运动员通过刻苦训练才能接近或登上"金字塔"的顶端，而无数的攀登者耗费了全部的青春，只能充当垫脚石。竞技体育对大多数人来说如此"残酷"，却能够从古代体育形式一直延续到今天，而且依然生机勃勃、魅力无穷，其中的缘由就是在生活舒适的和平环境中，体育依然透射出"物竞天择，适者生存"的竞争本质，这不仅是大自然的规律，也是人类社会发展的规律。动物如此，人类也不例外，竞争也是人类的天性，人在生存的过程中，不仅与自然进行竞争，同时，人与人之间，民族与民族之间，国家与同家之间也都无时无刻不存在着各种目的的竞争。

| 相关链接 |

### 过早参赛是揠苗助长

十运会体操比赛竞赛规程规定：女运动员的参赛出生年月必须在1991年12月31日之前，团体比赛，允许最多两名1993年12月31日以后出生的运动员参加。此规定是为了限制年轻运动员过早参加比赛，以防影响日后的运动生涯。女子体操运动员不仅个头小，与之成比例的年龄似乎也越来越小了。尽管报名参赛规程有了年龄规定，但是几乎所有的队都紧扣规定的最小底线。

前国家体操女队主教练陆善真对于这样的现象表示出了明显的担忧："我们体操运动员普遍个子小，看起来12、13岁的，实际上都是17、18岁的老队员了，体操的黄金年龄应该是在15—17岁，而我们这次参赛的队员年龄都有些偏小，实际上地方队就是为了赶比赛，又是青黄不接，所以把年轻选手拉上来参加这次的比赛。这种现象挺让人担忧的，必须要建立一支长期的队伍，年轻选手需要时间打基础，在这个时候拉出来参加比赛，对选手今后的比赛会有很大的影响。应该说，不断参加比赛是件好事，但有个前提，她们应该参加符合她们自己年龄段的比赛，实际上，各省市队要的就是政绩，让过小的队员参赛，无异于是揠苗助长。"

——http://sports.sohu.com/20051011/n227168069.shtml

怎样才能使禾苗长得又好又快呢？这就必须掌握禾苗生长的条件与规律。只有满足相应的条件并尊重其生长规律，才能促进禾苗的苗壮成长。《礼记》说："天地之大，寒暑不时则疾，风雨不节则饥，教者，民之寒暑也，教不时，则伤世。"体育教育，如果"不时"，没有按时辰来，没有按节气来，也没有按人的生长发育规律和要求来，结果就会伤了孩子的身体。体育运动规律是大千世界规律中的一类，过早参赛违背了青少年的成长规律和训练规律，反而带来坏处。

2. 必须遵循规律，而不能违背规律

所谓"训练规律"是指运动训练内部诸因素的本质联系和发展的必

然趋势，是运动训练所表现出来的各种现象中相对统一、相对静止和相对稳定的部分，它支配着运动训练过程的发生和发展。比如运动员获取体育知识和提高运动能力，都有一个渐进式的、相互影响和相互作用的过程，随着体育知识的不断积累和增多，更伴随着各种综合能力的不断增强，从萌芽的、抽象的理解逐渐转化为具体的理解。还比如任何一位优秀运动员的技能成长都会经历从不稳定到相对稳定，再由稳定上升为提高阶段，这是由于内外环境变化中不利因素的干扰而影响其稳定性，也因为年轻的运动员身心发育尚不完善，对长期艰苦的运动训练可能会出现不适反应。在运动训练中一旦出现训练强度大而产生生理上的不适应现象，就容易出现对体育知识的遗忘和运动能力的下降。

规律的客观性和普遍性要求我们要从实际出发、实事求是，一切从客观存在的事实出发，深入实际，了解客观事物的本来面目，透过事物的现象，把握事物的本质，从而获得科学认识，并作为我们行动的向导，有效地进行改造世界的活动。竞技体育有着比其他职业更大的训练强度和赛事压力，运动员也相对更好强，这就在某种程度上导致了一些"不服输"的选手在训练中会超过自己的极限而带来伤病隐患，一些急功近利的教练会违背客观规律对年轻运动员揠苗助长。令人欣慰的是，在如今的中国体坛，训练更科学化、人性化，避免伤害、身体康复、心理调节等已成为各运动队的重要训练环节。

3. 在客观规律面前，人并不是无能为力的，规律是可以被认识和利用的

人类能够认识客观物质世界，但要认识客观物质世界的规律却不是那么容易的。规律是事物和现象内在的本质的必然联系。规律的一个重要特点，是它的内在性与本质性，规律不是暴露在事物的外部，而是隐藏在事物的内部，人们看不到也摸不着它。要想认识和掌握客观规律，

必须下一番功夫。只有在反复实践的基础上，又经过反复的思索和研究，才有可能把隐藏在事物内部的本质和必然性揭示出来，这种思索和研究的功夫就是主观能动性的具体表现。主观能动性亦称"自觉的能动性"，指主观对客观的能动作用，是人们在认识世界和改造世界中有目的、有计划、积极主动的活动和能力。主观能动性为人类所特有，是人区别于动物的特点。认识和利用客观规律必须发挥主观能动性。

运动竞赛的制胜规律又是什么呢？运动竞赛和战争虽然性质根本不同，但它们有类似的地方。它们都是力量或能力的较量，并通过较量分出胜负来。战争是双方军力和经济力的对比，是人力和人心的对比；运动竞赛则是双方意念品质、技术技能、战略战术的对比。意志品质、技术技能、战略战术三个基本要素相互作用的系统所综合形成的实力的强弱，就是运动竞赛中起决定作用的本质的必然的东西。

意志品质、技术技能和战略战术三者是紧密联系、相互作用、相互制约和相互促进的。它们相互结合构成运动员或运动队的实力，是运动竞赛中长期起作用的本质的因素，是运动竞赛胜利之本，是我们评价运动员"成功"的重要依据，是夺取运动竞赛胜利的立足点和着眼点。这是运动竞赛的规律所决定的，是不以人的意志为转移的。要培养、锻炼和提高意志品质、技术技能和战略战术，重要的是把体育运动和体育科学紧密结合，使运动训练科学化。那就要求教练员、运动员学习和掌握必要的体育科学知识，按运动规律办事。

规律和运动员训练比赛时要共同遵守的规则是既有联系又有区别的。

**| 相关链接 |**

### 规律与规则

联系：一个正确的规则总是根据客观规律而制定的，也是对客观规律的反映。

区别：（1）二者所表达的含义不同。规律是事物运动过程中固有的、本质的、必然的联系，而规则是按照人们的需要而制定的，大家共同遵守的具体规划。

（2）二者的性质不同。规律是客观的，是在人意识以外独立存在的，因此我们不能创造、消灭或改造它；而规则是主观的，它以人们的主观需要为转移，人们可以制定、废除或修改它。

总之，规律是事物运动过程中本身所固有的、本质的、必然的联系。规律具有客观性和不可抗拒性，但人们可以发挥主观能动性，认识和利用规律。而人们发挥主观能动性，必须以尊重客观规律为前提。违背规律，主观愿望再好，也要受到规律的惩罚，导致失败。

**| 阅读与思考 |**

### 体育运动给人类带来的环境污染

奥运会在100多年的发展历程中，人们注意到了体育活动的开展同样给人类带来了不同程度的环境污染，破坏了人与自然的和谐，并促使国际体育界率先采取了一系列保护环境的措施。在实际的体育运动开展过程中对环境的污染有这样的报道：

噪声主要来源于运动器械如飞机、汽车、射击和摩托车（艇）、游艇，还有观众观看比赛时的呐喊声和高音喇叭声。体育环境的噪声与其他城市噪声一样使人难以忍受，并可能引发更深一层的社会问题，使居民与运动员（或运动场所拥有者）的冲突增加。如第27届悉尼奥运会举办期间，悉尼的400万居民就有50万人选择离开这个城市，原因就是他们难以忍受奥运会带来的吵闹喧杂的环境。一些体育旅游区的歌厅、舞厅、健身厅以及体育竞赛中所用的巨大音响，其声音强度都超过正常分贝。另外一些如跳伞等空中项目，使得飞机在机场附近地区频繁起降。这些噪声会使人听力下降、注意力不集中、头痛、头晕，甚至变得烦躁、失眠、失聪，伤人伤己，对体育旅游者和当地居民产生极大的危害。

在奥运会对生态环境的各种不同程度的影响和破坏中，第16届法国阿尔贝维尔冬季奥运会的惨痛教训至今令人难以忘怀，为了这次奥运会毁掉了30多公顷森林，数以万计的动植物失去了赖以生存的根基，当地的生物种类急剧减少，造成了严重的生态危机。近年来，体育运动向大众化、大型化和生态化发展，使得大量运动场馆应运而建，对自然空间的需求量急剧增加。另外一些辅助设施的修建，如旅馆、道路、娱乐设施等，使简单脆弱的人工生态系统代替复杂丰富的自然生态系统，导致体育旅游资源难以承受体育旅游者所带来的污水、垃圾等环境污染。

1. 哲学上的"运动"概念和体育的"运动"概念的区别是什么？

2. 为什么说上述体育运动开展过程中环境污染的加剧，影响了体育运动的可持续发展？

# 第三章　把握思维的奥妙

## 一、意识的本质

**| 情境导入 |**

　　我国古代名医华佗创立"五禽戏"，便是运动仿生学的生动体现。他的学生程普照此锻炼，到了老年，牙都没掉一颗。现代的郭林气功也模仿许多动物的动作，鹿、虎、猿、猴等都是模仿的对象。太极拳中有"倒撵猴""抱虎归山""白鹤亮翅"等动作，也是仿生学的成果。"五禽戏动功"模拟禽兽的动作、表情和声音，表现猛虎扑食、鹿麋奔跃、熊步蹒跚、鹏鸟展翅、猿猴攀登，成为具有民族特色的体育疗法。

　　为了开拓运动仿生学，国外已举行过好几次动物运动会。美国加利福尼亚州已开过几十次青蛙运动会，跳高冠军为3.5英尺，跳远冠军为2.5英尺。其他如骏马田径赛、鱼类游泳赛、袋鼠跳远赛……各类冠亚军获得者的动作都被高速录影，作为分析研究资料，供运动员训练时借鉴。运动仿生学日益受到体育界的重视。

论运动技能，动物远超人类，人类不能像禽类一样振翅高飞，不能像兽类一样快速奔跑，也不能像鱼类一样在海洋里遨游，那动物的这些活动是不是一种意识活动？它们有没有类似人的真正的意识呢？恩格斯曾经说过，人的意识是"地球上最美丽的花朵"。这"最美丽的花朵"是专属于人的吗？

## （一）意识是物质世界长期发展的产物

### 1. 人本身是自然界的产物，意识是自然界长期孕育的结果

科学研究的成果表明，意识在地球上并不是从来就有的。在人类出现以前，自然界根本不存在意识现象。意识的产生和发展是物质世界长期发展的结果，这是一个十分复杂的过程。虽然意识是人所特有的，但它的产生却和自然界的发展存在不可分割的联系。这个过程大体经历了三个有决定意义的环节或阶段：

第一，无生命物质的反应形式。自然界的无机物没有意识，只具有机械的、物理的或化学的反应，即物体由于其他物体的作用而产生机械状态、物理状态或化学状态的改变。例如，潮汐是海水对月球、太阳和地球之间引力变化的反应；矿石呈现不同的色彩，是矿石对氧化作用的反应；石头的风化则是石头对空气、阳光、水分等机械的、物理的以及化学的反应；等等。

第二，低等生物的反应形式——刺激感应性。无机物经过长期的发展变化，产生了低等生物，随着低等生物的出现，物质的反应特性也发生了质的飞跃——产生了低等生物的刺激感应性。刺激感应性是低等生

物对客观外界直接刺激的一种感应能力。例如，向日葵总是向着太阳转动；含羞草遇到刺激时，便收拢自己的叶子；植物的枝叶向阳光充足的方向伸展，而它的根须常常扎向有水多肥的地层。这些都是刺激感应性。

第三，动物的感觉和心理。随着生物自身的发展，它同周围环境的关系日益复杂化，刺激感应性已不能适应外界环境以满足生存的需要，于是在低等生物的刺激感应性的基础上，产生了较高级的反应形式——动物的感觉。动物的感觉有自己的物质基础，这就是专门反映外界刺激的感觉器官和神经系统。例如，蜘蛛能感觉到落入蛛网中的小虫、苍蝇等的振动，蜜蜂能感觉到花的颜色和气味，响尾蛇能感受到红外线辐射，等等。

低等动物进化到高等动物后，感觉器官进一步复杂化，特别是有了神经系统的指挥中心——大脑，使动物感觉的反应形式进一步发展和完善，具备了能简单地把多种感觉联系起来，形成对客观事物的综合反映能力。例如，狗熊能感觉人的声音、肤色、气味等特征，并进行简单综合，辨认出自己的主人或陌生人，经过训练的警犬还能根据特定的气味追踪逃犯、搜索物品等。尽管一些高等动物的反应能力达到了一定的高度，具有某种联想，但这仍不是意识，而是动物心理。

可见，意识是自然界长期发展的产物。唯心主义、宗教神学用"灵魂"、神的意志等来解释感觉、意识的产生，是违背科学和完全错误的。

2. 意识是社会的产物

意识是自然界长期发展的产物，更是社会发展的产物。一些地方发现过"狼孩""猪娃"，他们虽为人所生，但由于他们生活在动物群体中，长期脱离社会实践，不可能参加任何社会活动，因而，即使客观存在作用于他们的头脑，也不会形成人的意识。

第一，劳动使猿爪变成人手、猿脑变成人脑，在一定意义上甚至可以说，劳动创造了人本身。从根本上说，人与动物的区别是劳动。动物为了生存去适应环境，人为了生存而改造环境。由于劳动，需要手的解放，于是古猿偶然的直立行走变为必然的、经常的现象。手脚分工和直立行走带来了机体的一系列根本性变化，特别是人脑的发达，颅腔的扩大，脑量增加，喉头得到改造，使之能够发出极其复杂的抑扬顿挫的声音，能够创造和使用语言。

第二，语言伴随劳动得以产生，劳动和语言又进一步推动意识的发展。在劳动中出于协同动作和交往的需要而产生了语言。语言的产生，使人类能够用词来概括各种感觉材料，进行抽象思维，反映事物的本质和规律。有了语言，人们也就能交流思想，积累经验，传送知识和信息，从而形成日益丰富的人类意识，并促进意识的发展。

第三，劳动丰富了人的意识内容，提高了人的思维能力。在社会实践特别是生产劳动中，人的活动频繁，视野扩大，客观事物极其复杂的关系作用于感官，又传入大脑。大脑对众多的、复杂的信息进行识别、分类、对比、分析、综合、归纳、演绎等思维活动，找出它们之间的内在联系，久而久之，客观事物的规律性联系转化为思维的逻辑，并以确定的形式在人的头脑中固定下来，从而发展了思维能力，提高了智力。

## （二）意识是人脑的机能

| 经典案例 |

### 黑猩猩舀水灭火

巴甫洛夫做过这样的实验：将黑猩猩爱吃的水果放在湖中的小船上，水果周围燃有烛火，船的旁边有一个木排，上面有水缸。同时训练黑猩猩学会拧开水缸的水龙头，拿杯子盛水去灭火。当把黑猩猩放到船上后，它发现附近水面的木排上有水缸，但水缸与它所在之处相隔一段较宽的水面。黑猩猩如何取火？只见黑猩猩将自己身边的短竹竿接成长竿，利用长竿爬到了木排上，拧开了水龙头，盛水后再返回原地，灭了烛火，吃到了美味的水果。黑猩猩为什么会舍近求远？因为它没有水的综合性概念，没有抽象思维概括的能力。黑猩猩虽然聪明，但其智力水平仍然属于动物的感觉和心理，人脑和动物的大脑还是有本质的区别的。

人们从很早的时候起就怀着极大的兴趣探索过心灵的奥秘。古希腊医学之父希波克拉底说，"心灵"的活动必须到人的血液、心脏、胃里去寻找依据。我国古代思想家孟子认为"心之官则思"。直到现在人们还习惯说"心里想一想""得心应手"等。其实这里有很多误解。人类有意识不是靠心脏，更不是靠胃，而是因为人类有人脑这个结构非常精密、功能非常复杂的物质器官。

1. 人脑是高度发达的物质系统，是意识活动的物质器官

意识之所以能够在人脑中产生，与人脑高度发达的组织状况、复杂的结构及其生理过程有密切联系。现代科学证明，人脑约有1000亿个神经细胞，仅大脑皮层就有140亿个神经细胞，一个人脑中的神经细胞所构成的神经网络，其复杂程度远远超过北美洲的全部电报、电话通信网络。人脑不仅在质上而且在量上，都与高等动物有区别。现代人脑的重量约1500克，大致相当于体重的1/50，黑猩猩的脑重400克，大致相当于体重的1/150，大猩猩脑重约540克，大致相当于体重的1/500。可见，人脑的重量大，脑与身体的比重也大。人脑的绝对量大大超过其他高等

动物的脑量。人脑的脑细胞高度分化，脑组织严密。人脑的皮层的沟回深、皱褶多、面积大、神经细胞多。通过内在的生理机制，人脑可以产生以抽象思维为标志的复杂的意识活动。运动中枢是躯体运动的最高级中枢，位于大脑皮质中央前回的4区和6区。

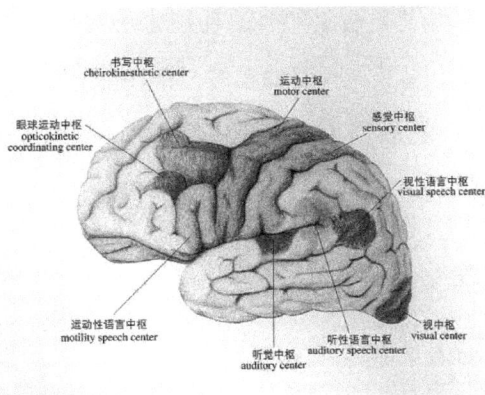

运动中枢外侧面

2. 意识活动是通过人脑对外界刺激的一系列反射活动实现的

在巴甫洛夫的实验中，每次给狗喂食的同时摇铃。当狗见到食物时，自然会分泌唾液。但巴甫洛夫发现，狗在听到铃声时即使不给食物，也会分泌唾液。根据实验，巴甫洛夫系统地提出了他的"条件反射学说"，又叫作高级神经活动学说。巴甫洛夫认为，动物的一切行为都属于反射。反射可以分成无条件反射和条件反射。无条件反射，是由于包括机械的、化学的以及温度的正常刺激引起的一种反应。它是动物先天具有的一种功能，不会因为环境的改变而改变，具有永久性、稳定性。条件反射，是在大脑皮层的参与下实现的，是人和动物在后天生活中逐渐建立起来的一种反应。

巴甫洛夫在此基础上，提出了第一信号系统和第二信号系统学说。巴甫洛夫指出，大脑两半球最基本的一般活动是信号活动。信号的数量多得数不胜数，信号的作用也变化不定，但它们却存在着本质上的区别，所有的信号可分成两大类：一类是现实的具体信号，又叫作第一信号；另一类是现实的抽象信号，也就是第一信号的信号，所以又叫作第二信号。

人和动物都具有第一信号系统，但第二信号系统却是人类特有的。因为第二信号系统与人类抽象的言语功能密不可分，而动物不会说话，更谈不上什么言语功能了，所以动物的全部高级神经活动只相当于人的第一信号系统活动。这就使人类高级神经活动和动物的高级神经活动发生了本质上的区别。

## （三）意识是客观存在的反映

### 1. 意识的原材料只能来自客观世界

人脑是意识的器官，但是有了人脑并不等于就有了意识，意识的内容并非来自人脑，人脑如同意识的"加工厂"，只有"加工厂"而没有"原材料"，是不可能"生产"出任何产品的。俗话说，"巧妇难为无米之炊"。那么，产生意识的"原材料"来自哪里呢？只能是客观世界。如下图：

原材料 ——→ 加工厂 ——→ 产品

客观事物 ⇒实践 作用于 人的感官 ⇒信息 传输 人脑 ⇒加工 形成 意识

人的意识依赖于客观的时空环境和条件，不可能脱离客观的时空环境和条件孤立地存在。如果问运动员篮球有什么特征，人人可以描述得很正确，但如果问你月球的表面特征是什么，我们大多数人都答不上来。因为篮球是很大众的运动项目，几乎人人摸过，投过篮，但是月球表面绝大多数人没有亲身靠近过它，见识过它，最多看到过科学家们拍到的照片，所以，人有了大脑，还要有客观物质作用于感觉器官。

| 名人名言 |

观念的东西不外是移入人的头脑并在人的头脑中改造过的物质的东西而已。

——马克思

### 2. 意识是客观世界的主观印象

从意识的具体内容看，意识可以分为知、情、意三种。"知"是指知识，它与认识的内容是一致的。它是人类对世界的一种真理性的追求，可以表现为系统的、抽象的思想体系，如政治法律思想、道德、艺术、宗教、哲学、科学等。"情"是指情感，它包括人类对外在客观事物的感受与评价，表现为爱、恨、愿望等；它还包括人类对自身的心理体验，表现为情绪等。"意"是指意志，它是人类为达到某种目的和理想时所表现出的一种精神状态，如自我克制力、毅力、信心等。任何意识都包含着客观内容，这些内容又必须通过一定的主观形式表现出来。不能将意识的内容和形式割裂开来，它们之间是统一的，即客观内容和主观形式的统一。

当然，人的意识活动是一种复杂的高级心理活动，不是像平面镜子一样简单、刻板、表面地反映客观事物，而是具有丰富的想象力，具有抽象思维能力，具有神奇的创造力。它不仅能够认识事物的现象，还能够认识事物的本质和规律，不仅能够直接反映客观事物，还能根据自己的需要浮想联翩，甚至运用大胆的想象进行新颖神奇的创造……意识这个"地球上最美丽的花朵"不管怎么美丽，都要扎根在物质世界的土壤之中，都要从中汲取营养。即使是在现实世界中并不存在的一些东西，例如神话传说中的夸父逐日、女娲补天、精卫填海、愚公移山，文学艺术中的孙悟空、猪八戒之类的形象，宗教、迷信中的神灵鬼怪、天堂、地狱、上帝，也都是人脑对客观存在的反映、想象和创造。举例来说，所谓"三头六臂"，不过是在正常人的身体上，增加两个脑袋、四条手臂而已；观世音菩萨的"千手千眼"，不过是在人的身上，添加了更多的手和眼，使之"法力"更加强大而已。

总之，从意识的起源看，它是物质世界长期发展的产物；从意识的生理基础看，它是高度发达的物质系统——人脑的机能；从意识的内容看，它是客观存在的主观映像。因此，物质世界是先于人的意识而存在的，物质第一性，意识第二性，物质决定意识。

| 阅读拓展 |

### 过去20多年，这4次"人机大战"载入史册

从第一台计算机问世以来，人们就梦想造出一种可以完美模拟甚至超越人脑的计算机系统。过去20多年中，有4次"人机大战"给人们留下格外深刻的印象，也成为人工智能发展的绝佳注脚。

#### 深蓝——蛮算的"硬汉"

1997年，美国IBM公司的"深蓝"超级计算机以2胜1负3平战胜了当时世界排名第一的国际象棋大师卡斯帕罗夫。"深蓝"的运算能力当时在全球超级计算机中居第259位，每秒可运算2亿步。

在今天看来，"深蓝"还算不上足够智能，主要依靠强大的计算能力穷举所有路数来选择最佳策略："深蓝"靠硬算可以预判12步，卡斯帕罗夫可以预判10步，两者高下立现。

比赛中，第二局的完败让卡斯帕罗夫深受打击，他的斗志和体力在随后3局被拖垮，在决胜局中仅19步就宣布放弃。

IBM 拒绝了卡斯帕罗夫的再战请求，拆卸了"深蓝"。卡斯帕罗夫虽然后来多次挑战电脑战平，却无法找"深蓝""复仇"，留下永久的遗憾。

### 浪潮天梭——以一敌五的"铁人"

2006 年，"浪潮杯"首届中国象棋人机大战中，5 位中国象棋特级大师最终败在超级计算机浪潮天梭手下。中国人发明的这项充满东方智慧的模拟战争游戏，被中国超级计算机独占鳌头。

值得一提的是，浪潮天梭在比赛中，同时迎战柳大华、张强、汪洋、徐天红、朴风波 5 位大师。在 2 局制的博弈中，浪潮天梭以平均每步棋 27 秒的速度，每步 66 万亿次的棋位分析与检索能力，最终以 11:9 的总比分险胜。

比赛异常激烈。柳大华在两局之间中场休息时，直言"艰苦卓绝"。在这场高强度的消耗战中，电脑最终取胜的关键，被认为是其不知疲倦的稳定性。

张强也坦承："输的原因主要在体力的过度消耗。以往和人比赛，到了最后时刻就是意志和心态的对决了，看谁能坚持到最后，谁能不犯错误。但是计算机没有这样的问题。"

从那场比赛开始，象棋软件蓬勃发展，人类棋手逐渐难以与之抗衡。

### 沃森——察言观色的全才"学霸"

2011 年，"深蓝"的同门师弟"沃森"在美国老牌智力问答节目《危险边缘》中挑战两位人类冠军。《危险边缘》以答案的形式给出线索，如"小时侯砍了樱桃树"，选手需要以问题作答，如"是乔治·华盛顿吗"。

参赛者需要大量历史、文学、政治、科学及流行文化知识，还需要解析隐晦含义和谜语等。虽然比赛时不能接入互联网搜索，但"沃森"存储了2亿页的数据，包括各种百科全书、词典、新闻，甚至维基百科的全部内容。

"沃森"可以在3秒内检索数百万条信息并以人类语言输出答案，还能分析题目线索中的微妙含义、讽刺口吻及谜语等。"沃森"还能根据比赛奖金的数额、自己比对手落后或领先的情况、自己擅长的题目领域来选择是否要抢答某一个问题。

"沃森"最终轻松战胜两位人类冠军，展示出的自然语言理解能力一直是人工智能界的重点课题。IBM 中国研究院院长沈晓卫介绍说，随着大数据时代的来临，今天的"沃森"正在主力向医疗卫生业进军，通过对患者的个性化数据、大量病例和医疗文献的"学习"，提供最佳诊疗方案。

### AlphaGo——有棋风的"深度思考者"

围棋一直被看作人类最后的智力竞技高地。据估算，围棋的可能下法数量超越了可观测宇宙范围内的原子总数，显然"深蓝"式的硬算在围棋上行不通。

今年1月，美国谷歌公司旗下的人工智能公司"深度思维"在《自然》杂志上报告说，该公司研发的 AlphaGo 人工智能程序去年10月以5∶0战胜欧洲围棋冠军樊麾，这是人工智能程序首次在不让子的情况下战胜人类围棋选手。

AlphaGo 的核心系统属于时下最火的基于神经网络的深度学习：模拟人脑神经网络，通过大量数据分析学习了3000万步的职业棋手棋谱，再通过增强学习的方法自我博弈，寻找比基础棋谱更多的打点来击败人类。AlphaGo 通过策略网络和价值网络来决定棋路，不去计算每一步的可能性，颇有人类棋手"我感觉这样会赢"的味道。

樊麾对新华社记者说："如果没有人告诉我，我一定不知道它是电脑，它太像人了。它一定是在思考。按照人的说法，它应该有棋风吧。"

——http://news.xinhuanet.com/science/2016-07/09/c_135
171112.htm

20世纪中叶以来，由于控制论、信息论和电脑等现代科学技术的发展，人们已经能够利用机械、电子的装置模拟人脑的部分思维功能。20多年来，4次人机大战，是否能够说明机器也可以思维？机器思维是否可以代替人类的思维？机器是否可以统治人类？

人类思维是建立在高度发达的神经系统的基础上的人脑一系列复杂的生理－心理过程，而人工智能只是建立在机械和电子元件结构基础上的一种机械－物理过程。即使结构再复杂的智能机器，也不能成为独立的主体，不能同人一样进行自主的思维活动。计算机要靠人来掌握，输入信息要靠人来编排，输出信息要靠人去理解。在这里，是人把思维的部分功能交给机器去执行，而不是机器本身能够"思维"。计算机仍然是人的工具，是人的智能的物化，是人脑的延长，就像汽车是人腿的延长一样。

电脑是"人造"的，"深蓝""浪潮天梭""沃森""AlphaGo"的胜利，终究不过是人脑的胜利。人类有能力设计和制造它，也就有能力、有办法操纵和控制它。所谓机器思维将代替人类的思维，机器将统治人类的说法，是杞人忧天。

# 二、意识在体育生活中的作用

| 情境导入 |

　　被称作"第四代体育馆"的"鸟巢"国家体育场是2008年北京奥运会的标志性建筑，因其主体由一系列辐射式的钢结构旋转而成，外形酷似鸟巢而得名。"鸟巢"占地面积20.4万平方米，总建筑面积25.8万平方米，拥有9.1万个固定座位，内设餐厅、运动员休息室、更衣室等。2008年奥运会期间，承担开幕式、闭幕式、田径比赛、男子足球决赛等赛事活动。该工程总投资4.5亿美元，是全球目前投资最大的建筑物，也是迄今为止世界上最具现代化和人性化的体育场馆。

　　喜鹊筑巢，我们叫鸟巢，国家体育场的绰号也叫"鸟巢"，两者有何区别呢？马克思说，最蹩脚的建筑师从一开始就比最灵巧的蜜蜂高明的地方，是他在用蜂蜡建筑蜂房以前，已经在自己的头脑中把它建成了。蜜蜂筑巢、蜘蛛织网是一种本能，而建筑师在建造"鸟巢"之前，就已经在自己的头脑中把房屋设计出来了。人们在实施行动之前会对该行动做出相关的计划。这与动物纯粹无目的的本能活动是有着本质的区别的。

## （一）意识具有能动的作用

　　辩证唯物主义既唯物又辩证地理解物质和意识的关系：一方面，它坚持物质决定意识的原理，认为物质是不以人的意志为转移的客观实在，意识依赖于物质；另一方面，它承认意识对物质具有能动的反作用。意识的能动作用，是指意识能够能动地反映客观事物，形成主观观念，并且能动地反作用于客观事物。意识的能动作用具体表现在：

1. 意识活动具有目的性和计划性

人们在认识客观世界时，总是基于实践的需要带着一定的主观倾向和要求，持有一定的目的和动机。人的活动总是受到意识的支配的，人在从事某项活动前已经在意识中预先设想了活动的结果，以及人的活动预定的蓝图、目标、步骤等，都体现着意识活动的目的性和计划性。

## | 名人名言 |

劳动过程结束时得到的结果，在这个过程开始时就已经在劳动者的表象中存在着，即已经观念地存在着。

——马克思

## | 阅读拓展 |

### 国家体育场"鸟巢"大事记

1. 方案设计：2003年3月19日—25日，竞赛评审委员会以压倒多数票推选中瑞建筑师合作的"鸟巢"方案，至此，国家体育场项目已完成了场地清理、红线钉桩、树木伐移、用电准备等开工前的各项准备工作。

2. 钢结构设计：2004年1月13日，"鸟巢"进入正式打桩阶段的施工，"鸟巢"工程开始实质性结构建设。

3. 造型优化调整：国家体育场"鸟巢"工程从2004年7月30日起暂停施工，取消可开启屋顶，方案调整风格不变。一是因为耗费大量钢材，超出工程预算，如果取消可开启屋顶，工程的耗钢量将减半，从原来的8万吨削减至4万吨；二是由于可开启屋顶由纯钢制成，相当沉重，为"鸟巢"日后的安全问题留下隐患。

4. 按计划施工：2005年11月15日混凝土主体结构提前封顶，比预期时间提前了一个月。

5. "鸟巢"站起来：2006年9月17日，"鸟巢"钢结构卸载成功，"鸟巢"从图纸变成现实。

"鸟巢"在赛时承担开幕式、闭幕式、田径比赛、男子足球决赛等赛事活动，赛后用于举行各种文化、娱乐活动说明意识活动具有目的性，"鸟巢"从方案设计、钢结构设计，到造型优化设计，取消可开启屋顶，再到继续按计划施工，最终"鸟巢"从图纸变成现实，说明了意识活动具有计划性。

自从有了体育运动竞赛，也就有了高级的思维——体育战术，是具有鲜明的目的性和计划性的意识活动。无论何种形式的体育运动竞赛，对抗是其最基本的特征，竞赛双方或多方必须围绕着争取胜利这一最终目标进行抗争。北京体育大学博士生导师田麦久教授在《现代竞赛战术的发展》中说："战术是运动员（队）在比赛中为表现高超的竞技水平或战胜对手而采取的计谋或行动。"可见，战术是在一定条件下为取得最好成绩而做的有计划的合理的比赛方案，是在比赛中为战胜对手而做的安排，其意识活动具有鲜明的目的性和计划性。

一个运动项目的战术阵形是多种多样的，必须根据不同的对手和战术指导思想去加以灵活运用。关于布阵的重要性，曾任国际乒联主席的徐寅生有一段精辟的论述："几乎每届世界杯团体决赛前，教练们都要为排兵布阵绞尽脑汁。布兵排阵，只有布兵，方可排阵。倘若布兵得当，排阵巧妙，往往比赛尚未开始，获胜便有了一半的可能。"总之，一个优秀的教练员不仅能够通过战术阵形设计，有效地把本方的力量组织配备起来投入比赛中，而且能够根据比赛形势的变化，及时调整配备，变化新的战术阵形，以掌握比赛的主动权。

2. 意识活动具有自觉选择性和主动创造性

意识对世界的反映是一个能动的、有选择的创造过程，意识不仅反映事物的现象，而且能通过思维揭示事物的本质和规律。意识不仅能在思维中"复制"或"再现"当前的客观对象，而且可以超出现存的状态，能够追溯过去，预见未来，创造理想世界。体育意识的创造活动与创造功能表现在许多方面，既有对加强体育科学研究的规划、设计和决策，也有对体育运动的活动方式、内容、形式、技术技能、战略战术以及训练手段和方法的构思、设想与发明，还有在运动过程中运用技术的决断、变通与应对。

**| 相关链接 |**

有一种动物叫水獭，生活在湖泊沼泽等淡水区，水獭能筑堤，但是人们把一只幼獭关在笼子里，在它身边放一些泥土，等它长大时，它就会自动筑起堤来，尽管在笼子里筑堤是完全不必要的。很明显，水獭筑堤只不过是一种本能。人的活动就不同了。人能够意识到自己的活动与客观事物的关系，预见自己活动的结果，并使自己的活动按照既定的计划向着一定的目标进行。

国家体育场设计师李兴刚说："不是先看到一个鸟巢，然后决定要做一个鸟巢的。它的构思恰恰是由内到外的一个过程，内部是借鉴古罗马竞技场的理念设计，东西高，南北低，便于比赛与观赛；外部一开始是为符合通风、透气、采光的需要，找到一种编织式的结构，后来一步步按照它的功能逻辑、结构逻辑、美学逻辑完成设计。"

据专家称，"鸟巢"是目前国内外体育场馆中用钢量最多、设计最新奇、拥有多项世界顶级施工技术的大型钢结构工程，说明意识活动具有主动创造性，而选用抗震性是普通钢材两倍的材料，中途又取消可开启屋顶，造型重新优化调整，以符合通风、透气、采光的需要，找到一种编织式的结构，这些都说明了意识活动具有自觉选择性。

由于体育竞技领域本身就充满着变化性、偶然性和机遇性，因此思维的求异性就成了体育战术思维的一条必然途径。思维的求异性导致了体育战术设计的创新，导致了战术运用的变化无穷。体育战术思维是高级的认识过程，是人脑对客观事物的概括和间接反映。这种概括和间接反映的不是个别事物与个别特点，而是事物的本质特点和规律性联系。教练员如若对本运动专项的规律了解越深，对本队的运动员了解越透，就越能设计出高水平的、合理的战术阵形和布局。

3. 意识活动通过实践对客观世界具有改造作用

这是意识能动作用的最重要的表现。世界不会满足人，人决心用自己的行动来改变世界。意识的这种作用是一种伟大的力量，在人们的活动所及的范围内到处可以看到"人的意志印记"，自然界不断在人化。随着科学技术的日益进步，意识对客观世界的改造作用将更突出地表现出来。比如教练通过有意识的总结和提炼运动员特别是优秀运动员及运动队在训练和比赛中的成功经验，创造出新技术和新的训练手段，指导运动员不断挑战极限，刷新纪录，将一个个只存在于意识预想中的运动成绩变为现实。

| 阅读拓展 |

### 间歇训练法的产生

在1924年巴黎奥运会上，芬兰运动员帕·努尔米获得1500米、5000米、3000米团体、10000米越野跑冠军。1939年，德国运动员路多夫·哈别格以令人非常惊异的成绩创造了400米和800米的世界纪录。到了1952年赫尔辛基奥运会上，捷克优秀选手扎托皮克一人获得5000米、10000米和马拉松赛跑三枚金牌。他们为什么能取得这样优异的成绩呢？人们对他们训练的手段进行了调查、总结与提炼，比较系统和完整地提出了一种田径训练手段——间歇训练法。这是由路多夫·哈别格的教练格施勒和生物学家赖因德尔合作完成的。他们在深入研究上述运动员取得成功经验的基础上，进一步通过实验和分析，找出了间歇训练所产生的生理技能变化，提出了间歇跑的距离、速度、间歇时间、重复次数等一套理论和措施，从而使之成为中长跑训练的一种基本方式。

体育生活中的意识活动从其指导行动所产生的后果看，可以分为两个方向：积极的创造——建设，消极的创造——破坏。其中积极的创造是合乎体育运动规律，合乎人体运动规律，有益于发展体育运动和增强人体体质，增强人体技能的创造。这种创造对发展体育运动、满足社会需要有利，是建设性的，如动作美感、技巧难度、进攻能力、损伤疲劳恢复等方法的创新突破。而消极的创造是违背体育运动规律，违反人体运动规律，不利于人体健康，不利于增强人的体力、体能、技能的创造。这种创造对发展体育运动、满足社会需要是有害的，是破坏性的，如使用兴奋剂、揠苗助长现象等，我们需要的是意识在体育生活中的积极的改造作用。

4.意识对人体生理活动具有调节和控制作用

人们历来把一个人或一个团体通过行动所表现出来的思想、风貌称为作风。运动员和运动队的作风，即在运动场上用行动所表现出来的体育情感与意志。体育情感从其社会内容来看，主要是体育运动实践中的理智感、美感、责任感、光荣感、道德感等等。

体育情感在体育实践中具有重要的作用，它不仅是人们从事体育运动的重要动力，而且支配人们在体育运动中的具体行为。首先，只有对体育运动有着深切的爱好、强烈的愿望和崇高的责任感、光荣感，才能积极参加体育实践，为发展体育事业贡献力量。谁能设想一个毫无责任感、对体育运动厌恶的人会为体育运动事业而献身呢？其次，在运动过程中，人们的心境、情绪决定运动技术水平发挥的程度。人的情绪同人的心理机制是紧密联系在一起的。生理学家们揭示出，人的每一种情绪都会引起人体器官运动状态的变化，或者使器官运动处于不协调状态，甚至导致疾病的发生，或者使器官运动协调进行，促进运动成绩的提高。中医经典《黄帝内经》就揭示了人的情感状态同疾病发生的关系，指出"思伤脾""喜伤心""怒伤肝""忧伤肺""恐伤肾"等。再次，观众的激情是对体育工作者、运动员的支持、鞭策、鼓励与奖赏，是运动员、体育工作者为体育运动事业献身的强大支持力和加油机。体育比赛缺少了观众，离开观众的热情助威，也就不会有声有色。

体育运动不仅是人们有目的的活动，而且是充满着各种困难的活动。既有外部困难，即客观条件上的障碍与困难，又有内部困难，即心理和生理方面的困难。因此，所有的体育运动都是人的意志行动。一个人体育意志品质的高低，直接决定着他的体育运动技术水平、成果的高低，特别是在体育竞赛中，它是运动员或运动队在技术水平相近的情况下夺取胜利必不可少的因素。体育竞赛不仅是人们的体力、体能、运动技术的竞赛，而且是人们体育意志品质的竞赛。俗话说："两强相遇勇者胜。"凡是取得突出成就的优秀运动队或优秀运动员，无不有坚强的意志品质和顽强的拼搏精神。历经数十年而不衰的中国乒乓球队和被誉为"要球不要命"的中国女排，其基本经验就是把意志品质的培养与锻炼放在了重要的地位。他们有理想、有志向，"胸怀祖国，放眼世界，志在四方，为国争光"。他们无私无畏，努力攀登技术高峰，顽强拼搏，始终保持旺盛的斗志，不断取得优异成绩。第36届世界乒乓球锦标赛，我国男队与强手比赛时，打成20平和20平后的共有27局，其中我国男队胜18局，失9局。这就有力地证明了顽强意志品质的重要作用。一个运动队是如此，一个运动员也是如此。

### （二）必须坚持一切从实际出发，实事求是

#### 1. 含义

所谓一切从实际出发，实事求是，就是要求我们做事情要从客观存在的事物出发，经过调查研究，找出事物本身固有的而不是臆造的规律性，以此作为我们行动的依据。关于实事求是，毛泽东指出，"实事"就是客观存在的一切事物，"是"就是客观事物的内在联系，即规律性，"求"就是我们去研究。体育竞赛中要求运动员不弄虚作假，严格按体育运动的章程和规则比赛，要求裁判力求做到求实、公正、准确，就是实事求是这一原则在体育比赛中的具体表现。

一切从实际出发，在训练中教练应针对运动员的身体素质、运动状态、技术特长、战术意识、智力水平、心理品质等特点部署战术，针对

本队总体风格打法和所掌握的基本战术方法，针对不同对手在风格打法、关键队员以及战术发展方向上的特点，针对本运动项目战术发展趋势、规则修改动向等方面进行创新，才能使战术达到更有实效的目的。

气象与奥运息息相关，2008年奥运会期间正值北京多雨时节，为保证奥运会的成功举行，有关部门加强了天气预报和人工消雨的准备工作，并规定奥运天气预报禁用"降水概率"等模糊词语，必须明确"是否降雨"，而且要求具体到"几时几分"、哪个奥运场馆有降雨。随着科技的发展，人们对于天气的预报越来越准确精细，甚至可以干预、影响天气。这说明人能够通过意识能动地认识世界，也能够在意识的指导下能动地改造世界，但是这并不说明人可以随心所欲地控制天气。我们承认意识的能动作用，承认人的精神对人产生的调节和控制作用，但不能片面夸大精神的作用，把精神看作是万能的，就会陷入唯心主义，在体育训练和生活中，正确方法是一切从实际出发，实事求是。

2. 要把发挥主观能动性和尊重客观规律结合起来

一个优秀的教练既懂得遵循训练规律，又善于激发运动员的主观能动性，早在20世纪80年代初，中国篮协就聘请了美国著名教练罗伯特·麦特卡夫来中国讲学。他在一次重要的学术会上，面对中国篮协的官员和100多名中国高级教练员，对中国篮球运动提了6条建议，第一条就是要努力培养和提高运动员打球时的兴奋性及进取心。他说兴奋性之所以重要，是因为兴奋性决定场上气氛，而热烈的气氛又有利于队员增强斗志和信心。兴奋性能激发队员的潜在能力，从而使队员之间尽早默契配合，尽快发挥技术水平。由于兴奋性高，注意力也高，人的协调性、敏感性都随之得到大幅度的提高。反之，兴奋性不高的人就显得疲软、迟缓、迟钝、没有激情，这样的人是不可能打好球的，更谈不上承担任何责任。

　　运动员也要意识到发挥主观能动性的重要性，兴趣是最好的老师，另外进取心、理想信念、社会责任感、社会价值和自我价值的实现、顽强的拼搏精神、不断提高的训练理论水平和专业技能等都能激发自身的主观能动性，养成以饱满的激情投入训练的习惯，长此以往，才可以促使队员形成良好的自信心理和优秀运动品质。而这些优秀品质的形成，将使运动员受益终身。当然，赛场外运动队还要尊重运动员人性和权利的发展，尤其重视内在驱动和激励，根据运动员的社会需要及个性发展，通过物质奖励、情感和育人激励、榜样和团队精神鼓励多种手段，促使运动员之间、运动员与管理者之间形成一个情感、利益、生存共同体，最大限度地激发运动员的潜能，共创佳绩。

| 阅读与思考 |

### 每个运动员都有障碍

　　伦敦奥运会男子400米预赛中，南非选手皮斯托瑞斯跑出45秒44，以第二名身份晋级半决赛。2008年北京奥运会，他申请参加健全人奥运会未能如愿。如今他成为第一个双腿截肢，却登上奥运赛场的运动员。他曾说："每个运动员都有障碍，绕过它还是战胜它，这就是运动员和伟大运动员的差别。"

——http://www.360doc.com/content/12/0806/10/7215767_22860
2109.shtml

1. 哲学上的"运动"概念和体育的"运动"概念的区别是什么？

2. 结合规律的客观性和主观能动性的辩证关系，如何理解南非选手皮斯托瑞斯说的"每个运动员都有障碍，绕过它还是战胜它，这就是运动员和伟大运动员的差别"这句话？

# 第四章 求索真理的历程

## 一、科学的体育认识从何而来

**| 情境导入 |**

　　田径运动场地的形状和结构有一个演变过程。最早（公元前776年）的古代奥林匹克运动会，采用的是由一个直跑道演变到由两个不平行的直道和一个半圆组成的"马蹄形"场地，1896年第1届现代奥运会兴建的田径场地，是由两个平行的直段和两个相对相等半圆弯道组成的半圆工场地。曾出现过篮曲式、三圆心式和四角式专场。大家各持己见，都说自己的好，可谓"公说公有理，婆说婆有理"了。结果是无论哪一种主张都不能令人信服，后来跑道的周长逐渐稳定下来，成为内突沿半径为36米、周长为400米的半圆式场地，这种类型的场地，一直用到第22届奥运会。1984年，美国为迎接第23届奥运会，将场地改建成内突沿半径为36.5米的半圆式400米场地。韩国为了迎接第24届奥运会，也兴建了一个以内突沿半径为37.898米的半圆式400米场地。第25届奥运会在西班牙巴塞罗那举行，也是采用的内突沿半径37.898米的400米场地。

为什么后来跑道的周长逐渐稳定下来，最后以内突沿半径为37.898米半圆式400米形状和结构的场地，成为田径跑道设计的最佳结构呢？

哲学不仅要回答世界的本质是什么，世界怎样存在，还要回答人能否认识世界和怎样认识世界的问题，即认识论的问题。在人们的现实生活中，到底是先有认识还是先有实践？"三思而后行"是不是先有认识？"先行而后知"是不是先有实践或行动？这些问题一直困扰着人们，没有得到很好的解决。认识论一词来源于希腊文"知识"和"学说"两个字的结合，意思是关于知识的学说，认识论就是关于认识的哲学理论，它要回答诸如认识的对象、来源、发展过程及认识的真理性等一系列问题。而认识皆来源于实践的观点，是辩证唯物主义认识论之首要的、基本的观点。

经过各国运动员反复的运动实践证明，标准的"半圆式"田径场地，从总体上说来，要比篮曲式场地和三圆心式场地更为优越一些。因为，田径场地的优劣，主要是以在实际使用时，能否最大限度地发挥跑速为依据的。那么，哪种田径运动场地更能发挥跑速呢？关键就在于田径场地的半径了。物理学告诉人们，运动员在跑弯道时，要克服一定的离心力，而离心力的大小是与半径的大小有关联的。当速度一定时，半径越大离心力越小，半径越小离心力越大。半圆式田径场地跑道，是由两个半圆（180°）的弯道和两个直段组成的。两个直段一般有8条直道，长度为140米；弯道一般也有8条。每条跑道宽度不窄于1.22米。这种半圆式场地的半径与其他两种场地的半径相比，虽然比大弧稍短些，但比小弧却长好多，因而运动员在跑弯道时受离心力影响也就小得多。

半圆式跑道的弯道由于半径始终是等长不变的，运动员在弯道上跑时的动作也始终用不着改变，这对于节省体力和精力，更好地发挥跑速也有利。而其他两种田径场地弯道的弧度，并不是始终一样的，因而跑时动作自然也要随情况做相应的改变，这样就会额外增加运动员精神上和体力上的负担。再从设计和修筑上看，半圆式也要比其他两种简单和省时，由此看来，半圆式田径场地比篮曲式田径场地和三圆心式田径场地优越得多的认识，皆来源于实践。

### （一）实践及其特点

劳动创造了人和人类社会，随着劳动分工以及建立在劳动分工基础上各种社会关系的不断丰富和发展，最初的、局限于物质生产的"劳动"的概念再也概括不了了。于是，人们开始用"实践"这一概念来概括人类社会的全部活动。实践是人们改造客观世界的一切物质性活动。它有两层基本的含义：其一，凡是实践，都是以人为主体，以客观事物为对象的物质性活动，它是人类特有的有意识、有目的的活动，与其他动物消极适应外界环境的本能活动有根本的区别，如牛耕地、喜鹊筑巢都不是实践；其二，实践是一种直接现实性活动，它可以把人们头脑中的观念的存在变为现实的存在，它不是纯主观的思维活动，如思考、修行、辩论等都不是实践。实践活动是多种多样的，它主要是指人们改造客观世界的活动，如工人做工、农民种田、牧民放牧、渔民捕鱼、战士打仗、教师讲课、医生治病、演员表演、运动员参加比赛、营业员销售商品等，同时也包括为改造客观世界做准备的探索性活动，如天文观测、地质勘察、社会调查、军事侦察、科学实验等。

人类的实践活动是一个内容丰富多彩、形式多种多样、层次复杂的有机系统。概括起来，主要有以下三种基本形式。

1. 改造自然的生产实践

它是人们改造自然，处理人与自然界的关系的物质生产活动，是人类最基本的实践活动，也是人类最早的实践活动，是社会存在和发展的基础，它对人类社会的存在和发展起着决定性的作用。

生存是人类的第一需要，为了生存，首先就需要衣、食、住以及其他东西。人类的第一个历史活动就是生产满足这些需要的各种物质资料。没有生产活动，人类就不能生存，就无法进行其他活动。社会是以一定物质生产活动为基础，通过各种社会关系而相互联系的人类的总体。没有以生产活动为基础的各种社会关系，社会也就不能称其为社会了。所以，人们首先要有生产实践提供的物质生活资料才能生存下来，当物质生产发展到一定程度时，人们才有可能从事政治、科学、艺术等实践活动。

2. 处理社会关系的实践

它是调整和改造社会中人与人之间关系的活动，这种实践包括处理个人与他人的关系、个人与集体的关系、个人与社会的关系，处理各阶层、各阶级之间的关系，包括对经济关系、政治关系的调整和变革等。

3. 探索客观规律的科学实验活动

科学实验是科学工作者在科学理论的指导下，按照一定目的，运用特殊的设施和手段，去探索事物规律性的活动。它既包括自然科学领域的观测和试验，又包括人文、社会科学领域的调查和试验。它是在生产实践发展的基础上，从生产实践和处理社会关系实践中逐步分化和发展起来的新的实践形式。它随着近代科学的产生而出现，随着社会的进步，科学的发展、科学实验的必要性和重要性也越来越突出。在现代化生产中，科学试验的作用日益显著，如对遥远的天体、已经绝迹的古生物、极其微小的基本粒子等，人们不可能直接接触和变革它们，只有通过探索性的观察、模拟性的实验及考古发掘等科学实验，才能形成一定的科学知识。科学实验的实践扩大了认识的领域，使人们获得了更多、更深刻、更精确的自然知识，从而有效地指导人们处理与自然的关系，为生产发展开辟越来越广阔的途径。此外，教育活动、体育艺术活动等也是人的实践活动。在现代实践活动中，各种实践活动既互相制约、互相渗透、互相促进，又有相对独立性。

## （二）实践的特征

### 1. 实践具有客观的物质性

这首先是由实践的构成要素的客观性决定的。实践的基本要素有：实践的主体、实践的手段和实践的对象。实践的主体——人，是客观存在的；人在实践中所运用的物质手段——工具和其他设备，是可感知的客观存在；实践的对象——自然界和社会关系，是客观世界的组成部分，也是客观的物质性东西。

### 2. 实践具有主观能动性

实践是有意识、有目的的能动性的活动。人的实践活动不同于动物，不是纯粹适应自然界的本能活动，而是具有意识性和目的性的活动；也就是说，人在实践之前，总会有明确的目的和方案，然后运用一定的物质手段去改造客观世界，达到自己的目的。人类在改造自然界的实践中，创造出许多自然界原本没有的物质生活资料；在改造社会的实践中，创造出新的社会结构和社会关系，实践给客观世界打上了人的活动的"印记"。这充分显示了人类实践活动的主观能动性。

### 3. 实践具有社会历史性

实践是社会历史性的活动，实践活动不是孤立的单个人的活动，而是在一定社会关系中进行的活动。离开了他人和社会的纯粹个人的实践活动是根本不存在的，如我国人民在物质生产的各个部门中进行的劳动，既是在一定的经济关系中进行的，也是在一定政治关系中进行的。

## （三）体育实践活动

### 1. 古代竞技体育的实践活动

早期体育活动源于我们生活和娱乐的需要，人类通过对自然界的观察和模仿，学会了许多体育活动内容和形式。如远古时代，在宗教祭祀和氏族的一些活动中，人们用舞蹈、歌唱及游戏等形式反映人体的操练状况；华佗创编"五禽戏"等都是实践先于理论的佐证，即后来相应产生体育仿生学、体育保健学、体育游戏等学科理论体系。古代竞技体育以一种独特的形式出现在古希腊奥林匹克运动会上，这些竞赛内容主要以祭神和军事目的为需要，展示勇敢、坚韧和绝对服从的军人性格。人们凭借对体育运动的感性认识发展提高自己的运动水平。

### 2. 现代竞技体育的实践活动

现代竞技体育的大幕启于1896年雅典奥运会，继而迅速地发展成为当代人类社会中盛大的文化活动。竞技运动反映一个国家的政治、经济、科技状况，仅升国旗、奏国歌一项，就足以把一个国家的政治影响推向世界。竞技运动又是一个国家经济实力的重要标志，其优势需要雄厚的经济力量的支持，需要经济实力的保证。竞技运动也最能表现一个国家的科学技术水平，科学化的、训练现代化的体育设施，都需要现代科学技术的帮助。每一个运动员在多年的艰苦训练和比赛中每向上攀登一步获取各种成果的过程，就是真切又实在的实践活动。

### 3.现代社会体育的实践活动

现代社会体育如民族体育、棋牌文化等的实践活动大多来自一种群众自发的体育行为，也有一些来自政府、企业、社区等机构组织的活动。以锻炼身体、美学的价值取向、继承文化传统、收获快乐、身心愉悦、陶冶情操、政治影响力、经济活动参与和社会交流为需要，组成了一个广大的社会锻炼群体，将全民健身活动深入推广。体育运动兴奋之余，人们从报刊、体育彩票、电视、互联网等众多媒体上获取更多的体育信息和知识，交流体育文化或关注体育动向，体育给人们带来了快乐，人们又关心和支持着体育的发展，这些是现代社会体育的实践内容。

### 4.学校体育的实践活动

现代学校体育源于增强学生体质，掌握运动技能，有利于学生身心健康为主要目的之需要，学校体育课、课外活动、课间操等丰富多彩的实践内容，为学生直接提供了身心健康的展示平台，展现了生命的旺盛、青春的朝气，并在实践中体验体育文化的内涵，形成战胜困难的坚强意志品质，树立团结协作和乐观的生活态度，掌握锻炼身体的方法，增进身心健康，养成终身锻炼身体的习惯。

## （四）体育认识和体育实践

### 1.实践是认识的基础

**| 相关链接 |**

在1992年奥运会上，李小双在自由体操单项决赛中成功地完成了他的惊世之作——团身后空翻3周跳动作，在1972年奥运会上，日本运动员冢原光男在单杠上完成了"旋空翻"，这个号称只有在月球上才能完成的动作，人类却完成了它。这是教练员和运动员或运动团队，凭借丰富经验或其他感性认识材料，反反复复训练造就的世界性的高难度动作技术。

在实践活动中，人们借助一定的工具作为手段，同客观物质对象发生关系，使客观对象发生某种改变，并从中获得对客观事物的认识。

男子中长距离自由泳的400米、800米和1500米，一直被认为是最艰苦的游泳项目，但孙杨毅然选择了它，同时也选择了承受艰辛。在澳洲训练的时候，他每天早上不到5点起床，5点半就要下水；在昆明高原集训，为了储备体能，他每天训练量能达2万米。正是这日复一日、年复一年的艰苦训练，才给他的最终成功奠定了基础。没有哪个游泳冠军是坐在家里读书读出来的，他们纵然能从游泳教材上领略到游泳知识，但只有自己下水去搏击风浪，才能领略其中的技巧，从而形成自己的技能。赵括就是因为纸上谈兵，而导致长平之战大败。所以，我们一定要真正理解实践出真知的含义。运动员在长期艰苦卓绝的运动实践中积累了大量的专项知识和实践经验，这些来自竞技体育前沿最新的体育实践，最大限度地构成他们对体育认识的基础，这些宝贵的实践经验以及体育名人效应，为他们今后成功地指导运动员训练起到积极的、重要的作用。运动技术水平越高，人体对体育精髓的理解就越深，一个田径100米跑10秒8的学生，与另一个跑12秒6的学生，或一个能做技巧空翻转体720度动作的学生，与另一个只会做技巧前手翻的学生，对体育精髓的理解、感悟及其所注入的情感是截然不同的，也是不能相提并论的。

**| 名人名言 |**

你要知道梨子的滋味，你就得变革梨子，亲口吃一吃……

你要知道革命的理论和方法，你就得参加革命。一切真知都是
从直接经验发源的。

——毛泽东

### 2. 实践是认识发展的动力

为了使中国男子游泳实现零突破，在伦敦奥运会上能够使中国得到
一枚金牌，在备战 2012 年伦敦奥运会的训练期间，专家团队通过水上多
机位摄像解析运动学指标，水下摄像解析与测力同步测量与分析，针对
孙杨转身技术的改进与优化进行跟踪研究与攻关。

**| 相关链接 |**

> 游泳运动员孙杨的训练水平和大赛成绩自 2009 年始逐渐
> 展露实力。孙杨中长距离自由泳 2009—2011 年重大比赛的转
> 身 15m（RTT15）技术资料显示，转身技术的改进与优化，是
> 孙杨备战 2012 年伦敦奥运会进一步提高成绩的重点技术环节之
> 一。研究团队将测力板安装在泳池转身蹬壁处，在国内首次应
> 用转身蹬壁专项力量水下测量与水下摄像解析同步分析方法，
> 发现孙杨转身过程团身速度较慢、幅度过小及动作不够连贯协
> 调，影响蹬壁发力效果，是孙杨转身技术存在的主要问题。

可见认识产生于实践的需要，人们在实践中会不断遇到新的问题，
产生新的需要，推动着人们去进行新的探索和研究，从而推动认识的
发展。

实践的发展为人们提供日益完备的认识手段和物质条件。人类的生
理器官是有局限性的，因而要不断地认识世界就需要新的工具和技术手

段。实践的发展为人们提供了日益完备的认识工具，这些工具突破了人类的生理局限性，延伸了人类的认识器官，从而促进了人类认识的发展。从1972年慕尼黑奥运会第一次使用激光测量出投掷标枪距离，到高速摄影（相）分析动作技术各个运动时相的技术参数，再到心率、心电、肌电的遥测等科学手段指导训练，以及美国军医库珀提出12分钟跑，测定不同人可适应的运动量等，说明体育实践活动已经插上科学的翅膀。1999年10月，澳大利亚的"鲨鱼装"获得国际泳联批准，可以在比赛中使用。这个泳装的质地经过特别处理，表面像鲨鱼皮一样光滑，分布着上万个微小的鳞片，可以化解水中的涡流，减少75%的阻力，提高成绩3%，增加了运动员获胜的筹码。这些研究成果与发展方向，无疑对建立体育学科自己的理论体系起到了积极的作用。2000年悉尼奥运会，伊恩·索普穿着鲨鱼皮泳衣一举夺得3枚金牌，使得鲨鱼皮泳衣名震泳界。2009年世锦赛身着鲨鱼皮泳衣的菲尔普斯败给了身着Arena产品的比德尔曼，鲨鱼皮泳衣在高科技泳衣领域的地位被赶超。赛后，曾经作为受益者的菲尔普斯对高科技泳衣大加抱怨，这也使本届世锦赛开赛以来关于高科技泳衣的争论达到了高潮。泳池中，比拼的究竟是人的竞技水平，还是泳衣的科技含量？2009年7月，国际泳联宣布2010年起全球禁用"鲨鱼皮泳衣"，回归游泳的本质。

实践的发展促进了人类思维能力的提高，因为人们在改造客观世界的同时，也改造着自己的主观世界，提高自己的思维能力，从而推动认识的不断深化。

3. 实践是检验认识的真理性的唯一标准

| 相关链接 |

通过专家团队跟踪测试、分析、建议及教练员针对性强化

训练等措施，孙杨自由泳转身技术不断改进和优化。动作连贯性明显改善，髋关节角度变化的"停顿现象"完全消失，蹬壁发力过程的"压力空缺"完全消失。孙杨伦敦奥运会1500m成绩比2011年世界游泳锦标赛（上海）提高了3.12s，其转身环节贡献过半，缩短1.60s。400m自由泳成绩较2011年世界游泳锦标赛（上海）提高3.10s，转身环节贡献1.28s，这对400m项目意义更加重大。

作为奥运金牌重要阵地，田径和游泳是诸国的必争项目。细数这些年中国男子游泳队的奥运之旅，只有1996年亚特兰大奥运会上，蒋丞稷分别在50米自由泳和100米蝶泳项目当中先后打破亚洲纪录，但那也仅仅换回两个第四名。而孙杨实现了中国男子游泳零突破，这块金牌中国等了28年，赛场成绩证明了转身技术的改进和优化是有成效的。要检验一种认识是否正确地反映了客观事物，靠人的主观认识本身无法证明，认识的对象也不会"自言其明"。一般说来，一定的主观意识付诸实践，使客观事物发生变革，达到预期的效果，就证明它是正确的，如果达不到预期的效果，就证明它是错误的。如半圆式、篮曲式、三圆心式等三种场地，哪种场地长处更多些、更好些，只有经过运动训练实践才能证实。实践是检验真理的唯一标准，这是毫无疑义的。游泳项目引进血乳酸方法控制训练强度，使"大运动量"有了科学的定量指标，50米自由泳从增大划幅和减少划水周期这一先进的训练理论入手，对其途中游进行了数学和生物流体动力学的综合研究，提出了"在尽量不增加周期的情况下，加大划幅是提高游泳成绩的关键""划水过程均匀加力"等理论及"提高在较长时间里肌肉在较大负荷情况下保持快速收缩用力的能力"的训练主张，这些理念和主张能让运动员在训练和比赛中提高成绩的，就证明是正确的。

4. 实践是认识的目的和归宿

认识从实践中来，最终还要回到实践中去。人们认识的根本目的不在于解释世界，而在于改变世界。

## | 名人名言 |

科学家们只是用不同的方式解释世界，问题在于改变世界。

——马克思

如果有了正确的理论只是把它束之高阁，并不实行，那么这种理论再好也是没有意义的。

——毛泽东

人们根据法拉第、麦克斯卡和赫兹等科学家创立的电磁理论发明了无线电报、电话、电视、卫星遥感技术及现代互联网技术等，大大改变了人们的生活方式。又如，人们根据万有引力规律和宇宙速度将人造地球卫星、宇宙飞船、航天飞机等送上了太空，为人类探索宇宙的奥秘做出了巨大的贡献。随着信息技术的飞速发展，体育行业正在面临巨大机遇与挑战，将物联网、大数据、人工智能、VR/AR、3D 打印与体育产品、体育场馆、体育服务有机融合，必将给体育健身行业带来新的变革。认识的目的是把认识应用于实践，去指导实践，从而达到改造世界的目的。认识的最终目的是改造世界，此外再无其他目的。

综上所述，实践是认识的来源，是认识发展的动力，是检验认识正确与否的唯一标准，是认识的目的和归宿。因此，实践是认识的基础，认识依赖于实践，实践的观点是辩证唯物主义认识论的首要的和基本的观点。

# 二、在体育实践中科学训练，追求真理

**| 情境导入 |**

　　北京市冰球协会2017年8月7日公布了一则《处罚决定》，对北京雪人俱乐部冰场经理兼主教练李伟以及两名助理教练吴星、洪德军做出了在北京市永久禁赛的处罚，并严禁北京市所有冰球俱乐部雇佣上述三名教练。这三名教练事实上已经无法再在北京从事冰球教练工作，同时，如果他们未来在外地执教冰球俱乐部，其所服务的机构也将丧失参加北京市冰球协会主办的任何冰球活动的资格。这应该是北京冰球乃至中国冰球历史上，对教练员处罚措施最严厉的一张"罚单"，此次处罚是因为北京雪人俱乐部年龄造假，"以大打小"。

　　在冰球、足球、田径等项目上，大年龄的孩子要比小年龄的孩子更有优势，因此，这些项目中，教练协助青少年运动员把年龄改小的现象并不少见，这就是"以大打小"；而在体操、跳水等项目上，小年龄的孩子因为身体尚未发育，要比大年龄的孩子更有优势，因此，教练往往要求青少年运动员把年龄改大，这就是"以小打大"。造假是中国体育发展的毒瘤，对于青少年比赛中的"年龄造假"和"以大打小""以小打大",体育业内人士深恶痛绝。这不仅严重影响体育比赛的公平公正性,有悖于体育精神,更对青少年运动员的身心健康造成极大的负面影响。这样的比赛,即使赢了,也是不光彩的。

运动员的训练,实质上是教练员的训练计划与运动员的训练相结合的实践过程,没有大运动量的高强度和高难度训练,要攀登世界运动技术的高峰是不可能的。但是单凭教练员训练的经验和运动员直接的感知,也已经不能适应形势发展的需要,这就给人们提出了科学训练的问题,而不是一味埋头苦干。而科学训练是指在运动训练的全过程中,运用现代化的最新科学技术、理论和方法,最大限度地发挥运动员的潜力,提高运动技术的水平。从科学训练的实质看,就是要按照训练过程的客观规律进行训练,而运用现代化的科学技术,则是为了探索训练规律,使之符合客观规律,为了掌握科学训练的原理和训练过程的基本规律,以便达到提高运动技术水平、获得优异专项运动成绩的目的。一名优秀的运动员,必须努力学习和掌握科学文化知识,特别是体育科学的理论,在教练员的指导下,通过主动实践来加深对运动过程中客观规律的理解,不断总结提高,使自己的训练沿着正确的轨道进行,这就是追求真理的过程。

## (一)真理和谬误

人的认识都是对客观对象的反映,其中与客观对象相符合的认识就是真理,不符合的认识则是谬误。真理是标志主观同客观相符合的哲学范畴,是人们对客观事物及其规律的正确反映。

关于真理,在马克思主义之前,众论丛生,莫衷一是。儒家"以孔子的是非为是非"。如果争论不出结果,便翻开《论语》找个"子曰",字字句句加以对照,就算找到真理了。德国19世纪初的唯物主义哲学家费尔巴哈就把"众人的意见"当作真理。但其实真理是不能靠选票多少来表决通过的，任何一个科学真理，开始总是由少数人发现和掌握的，后来才慢慢被多数人所接受，而在此前，错误的东西却往往被多数人所接受。实用主义真理观以能否给自己带来益处作为检验真理的标准，有用就是真理。把有用和真理等同，按此逻辑，通过篡改年龄以大欺小或以小欺大、黑哨、服用兴奋剂等行为能获得比赛好成绩就是真理了，这实际上是主观唯心主义的荒谬。马克思主义从来不否认真理的有用性，事实上，没有用的真理人们也不会去发现它，真理都能给人带来益处，但有用并不一定是真理，只有同客观对象相符合的认识才是真理性的认识。体育比赛中的种种客观条件构成了教练员和运动员进行战术谋略活动的基础和依据，谋略的制定和运用只有符合了比赛的实际情况，只有具备了运用的客观条件，才能产生奇胜的效果，反之则是败军之道。

## （二）真理的特征

### 1. 真理是客观的

真理的客观性包含两方面的含义。第一，从真理的内容看，真理中包含着不以人的意志为转移的客观内容，任何真理都是这个客观内容的正确反映，真理中不应包含与客观实际相违背的成分。第二，从真理的检验标准看，实践是检验真理的唯一标准，实践是一种客观的物质活动，不以任何人的意志为转移。判定认识是否正确，不能依个人的好恶、愿望而定，而应通过实践。理论所回答不了的问题，实践能够解决，科学史上无数事实证明了这一点。例如，1789 年英国天文学家威廉·赫歇尔在对天王星的观察中发现，天王星的运行轨道与根据万有引力定律计算出的结果不一致，在考虑到已知几颗行星对它的作用以后仍然不能消除这种损差。1842 年英国青年学生亚当斯提出这种偏差是一颗未被发现的大行星扰动的结果，但在当时并未引起天文学家的重视。1846年法国天文学家勒维耶计算出了这颗未知行星的位置，后来人们果然在勒维耶所预言的位置附近找到了这颗大行星——海王星。试想，如果不是人们在实践中找到了海王星，那么亚当斯和勒维耶的观点就只能是假设或预言。

| 拓展阅读 |

　　电子计算机在竞技体育中的应用越来越广泛。美籍以色列科学家艾里尔在美国开设了"生物力学计算机分析公司"，对许多运动员的技术进行了分析。在蒙特利尔奥运会之前，他分析了美国铁饼运动员威尔金斯的投掷技术，发现他在铁饼出手前，不但没有刹住膝盖，充分利用制动腿的作用，而且像弹簧一样动了一下，使他失去了一部分本应传到铁饼上去的助力。于是，他就在计算机上模拟出假定膝盖不动的威尔金斯，证明他的成绩还能提高3米，威尔金斯按照艾里尔的建议改进了技术，竟以70.86米刷新了69.18米的世界纪录。艾里尔在1976年还对铅球运动员阿里勃里进行了技术分析，使他创造了21.85米的世界纪录。1980年美国物理学家克帕蒂托对链球投掷动作进行了计算机分析，他认为投掷者的身体旋转圈数与旋转时身体的倾角是关键，并提出了相应的改进方法。运动员戴夫·麦珂奇按此改进了自己的动作，创造了新的全国纪录，在将近4年多的时间里，将成绩提高了近30米。再如，对著名短跑运动员凯尔文·史密斯的动作进行计算机分析，发现他在离终点几步远处，双脚落地太重，影响了速度的发挥，他改正这一毛病后，于1985年打破了200米的世界纪录。

科学家们把人的运动潜力与客观的生物力学规律完美结合，用科学理论指导运动员在实践中创造出了一个个佳绩，以此证明了科学理论是符合客观实际的，是正确的。

2. 真理是有条件的

任何真理都有自己的适用条件和范围，如果超出了这个条件和范围，只要再多走一小步，哪怕是向同一方向迈出的一小步，真理就会变成谬误。比如，从运动训练学的角度来说，认识到要不断通过加大负荷，对机体施加更强烈的刺激，使机体不断获得新的适应，才能提高运动技能水平这一道理。然而这是有条件的，若在训练过程中，不能科学分析运动员承担负荷的最大能力，盲目过大或过快提高负荷，以致超出运动员机体承受能力的最大限度，其后果非但不能引起有机体的适应性反应，而且还会损害运动员的健康。还比如，运动员到底是大年龄还是小年龄有优势呢？对于这个问题的回答也是有前提条件的，实践表明，体操等表现唯美类项目的运动员常常在年龄较小时，就能达到比较高的水平，但耐力性项目运动员则通常在较大年龄才进入最佳竞技时期。同是13岁，发育有差异，发育早的可进行较多的专项素质训练，而发育迟的则不宜安排过多的专项训练。性格外向的运动员对教练员刺激强烈的语言比较容易接受，性格内向的则恰恰相反，往往会因此损伤其积极性和自尊心，对训练有害而无利。

3. 真理是具体的

| 阅读拓展 |

使用兴奋剂并不是现代人的创举。自古以来，人们都有意无意地寻求身心能力的增强方法，早在古罗马时代，斗兽武士们为了降伏野兽，往往服用某些菌类植物和芝麻籽混合酿造的

饮料，以引起某种幻觉或壮胆。历史记载揭示，从公元前3世纪的古代奥林匹克运动会起，运动员就尝试饮用各种白兰地或葡萄酒混合饮料，或者食用蘑菇，以便获得附加的"力量"来战胜对手，甚至有用"士的宁"一类的生物碱与酒精混合在一起服用，以寻求刺激效果的记载。不过，由于当时不存在任何禁用规定，靠"外力"取胜还谈不上是什么不道德的欺骗行为。

非洲、中美洲的土著人，很早以前就经常服用一种叫作"可拉果"的野生植物来增强勇气，而这种植物含有明显的兴奋剂成分。中国古代，每当将士出征之前，都要饮酒以壮军威。武松打虎的故事更是路人皆知，他是在畅饮好酒之后，勇气十足地打死了斑斓猛虎的。而酒的主要成分是乙醇，正是当今兴奋剂中的一种限用药物。

现代体育中的兴奋剂现象，还要从19世纪下半期说起。当时，人们已经认识到竞技体育的重要性，从化学合成药物的作用中受到启发，一些"聪明"的运动员开始借助药物提高比赛成绩。1865年，在荷兰阿姆斯特丹举行的一次游泳比赛中，首次报道有运动员服用兴奋剂。

此外，欧洲的自行车运动员也为了增强耐力而服用一种由海洛因和可卡因混合制成的兴奋剂。当时，欧洲常举行一种日夜不停、持续进行144小时的自行车六日赛，这种比赛特别消耗体力。据报道，参加六日赛的比利时运动员在比赛时吃一种药物浸泡过的糖片；为了同比利时运动员抗衡，法国运动员服用咖啡因片；而英国运动员则吸入纯氧并用白兰地送服士的宁、海洛因和可卡因。总之，运动员们不择手段，想方设法提高成绩，夺取比赛的胜利。这些自行车运动员的"取胜秘诀"很快便传遍了整个体坛。

1886年，在法国波尔多至巴黎的600公里自行车比赛中，29岁的英国运动员阿尔蒂尔林顿因病不得不中途退出赛场。后来查明，他服用了过多的苯丙胺。两个月后他神秘地在一家麻风病院里悄悄地死去，成为已知的现代体育中因兴奋剂致死的第一位运动员。

任何真理都是相对于特定的过程来说的，都是主观与客观、理论与实践的具体的历史的统一。真理以理论的形式存在着，保持着稳定性。但是，随着时间的推移，这一特定的认识对象产生了变化，或者认识对象所处的条件发生了变化。在此情况下，我们继续用原先形成的真理来表达已改变了的对象，则必然有不相符合的部分，于是，谬误出现了。古代人为了战胜野兽，增强身心能力，有意无意地寻找"外力"；运动员尝试饮用各种白兰地或葡萄酒混合饮料，或者食用蘑菇，以便获得附加的"力量"来战胜对手；非洲、中美洲的土著人，服用"可拉果"增强勇气；中国古代将士饮酒以壮军威……由于当时受认识水平的限制，不存在任何禁用规定，且在比赛中靠这些"外力"果然取胜了，在当时的历史条件下，被认定为"真理"也无可厚非，但此后运动员们不择手段，影响了比赛的公正性，甚至为了取胜不惜过多使用而致死，那么使用这些"外力"就由真理转化为谬误了。运动员以其付出的惨痛代价换取了人们对兴奋剂的清醒认识：兴奋剂不是美丽的天使，而是披着面纱的恶魔。

| 名人名言 |

任何真理如果把它说得过火……加以夸大，把它运用到实际所能应用的范围以外去，便可以弄到荒谬绝伦的地步……

——列宁

真理的条件性和具体性表明，真理和谬误往往是相伴而行的。在人们探索真理的过程中，错误是难免的。犯错误并不可怕，可怕的是不能正确对待错误。

## （三）追求真理是一个过程

| 相关链接 |

### 撑竿跳高撑竿材料的变迁

撑竿跳高在刚进入田径项目时，使用的是木竿。这是由于撑竿源自英格兰一种民间的运动，人们利用木竿在溪流纵横的沼泽地中助跑撑起撑竿一跃而过。但由于木竿硬而脆，没有弹性，不能很好地将参赛队员的水平速度转换成垂直势能，男子运动成绩仅2.29m，很不理想。

20世纪初，人们发现竹竿既韧且轻又有弹性，是一种很好的撑竿跳高工具，于是就替代木竿将它运用到了正式比赛中。这一改革，大大提高了运动成绩。从1912年到1941年的30年间，共有10人16人次利用竹竿创下了新的世界记录。日本这个传统的竹资源丰富的国家，对竹竿的加工有着独特的工艺，他们将砍伐下的竹子，经过5年左右时间的晾干，使竹油充分挥发排尽，使用竹竿比赛时即使在强烈的阳光下进行，其强度和韧性都丝毫不受影响。凭着这点优势，日本撑竿跳高名将西田休平在1932年奇迹般地越过4.30m，仅以1cm的优势险胜美国撑竿跳选手米勒。

在1936年的柏林奥运会上，日本运动员再接再厉又获好成绩，日本的撑竿跳高进入了黄金时期。然而，材料科学发达的美国，在充分研究撑竿跳高的技术特点后，运用他们先进的金属加工工艺，研究出了轻质合金撑竿，由于重量轻、弹性好，一举打破了日本人撑竿跳的优势。1942年，美国人瓦塔姆创造了4.77m的世界纪录，使竹竿相形见拙而退出撑竿跳高领域。这是人造材料战胜天然材料的典范。

20世纪50年代，这种金属竿一统天下，美国选手保持了这个项目的绝对优势，美国选手德比斯用金属竿越过了4.83m，是金属竿创下的最后一个纪录。

50年代末期，材料科学的飞速发展，为撑竿记录的腾飞带来了新的契机。复合材料的出现，首先被运用到军事、体育项目上，玻璃纤维被编织成圆筒后与有机树脂黏合再经过成形及高温定型后制造成玻璃纤维复合竿，成为撑竿跳高运动员得心应手的武器。它可承受的强力大，弹性好，重量轻且经久耐用。运动员使用这种玻璃钢撑竿在助跑结束插入斜穴时，撑竿能将运动员快速向前的动能很好地转换为撑竿的弹性变形能，撑竿被压弯到最大弧度后，向上释放出这部分弹性变形能而转换为运动员的势能，帮助运动员腾空而飞跃横竿。1960年，美国运动员用这种新武器一举飞过了4.98m的高度，打破了"人的体力不能超过4.87m的极限"的神话，仅1962年尤尔赛斯就3次刷新世界纪录，成绩提高11cm。

1963年世界纪录又被刷新4次，共提高了26cm。凭借这一技术优势，美国人始终占据绝对实力，垄断了60年代和70年代20年间撑竿跳高项目的最好成绩。

80年代，由于多种高性能纤维应用于复合材料撑竿上，撑竿跳的优势开始转向欧洲。1985年苏联选手布勃卡用新型碳纤维撑竿首破6m大关。紧接着人们又征服了一个又一个惊人的高度。

### 1. 认识具有反复性

当今世界的体育竞争很大程度上是科学技术的竞争，而先进的材料则是提高体育科学技术水平的重要条件之一。为了能够在接近极限的区域再有新突破，创造更好的成绩，世界各国尤其是发达国家都在不遗余力地将各种高技术、新材料应用到运动训练和体育器材上，以提高运动成绩，但这个过程并不是一帆风顺的。认识受到各种条件的限制。从认识的主体看，人们对客观事物的认识总要受到具体的实践水平的限制，还会受到不同的立场、观点、方法、知识水平、思维能力、生理素质等条件的限制。从认识的客体来看，客观事物是复杂的、变化着的，其本质的暴露和展现也有一个过程。

早年的英格兰人就地取材木竿，但在助跑中发现木竿硬而脆，没有弹性，不能很好地将参赛队员的水平速度转换成垂直势能，日本人经过对竹竿的独特加工，大大增强了其强度和韧性，在比赛中获得了前所未有的好成绩，而美国人运用先进的金属加工工艺，研究出了轻质合金撑竿，由于重量轻、弹性好，一举打破了日本人撑竿跳的优势。之后美国又制造出了玻璃纤维复合竿，垄断了60年代和70年代20年撑竿跳高项目的最好成绩。80年代苏联选手采用新型碳纤维撑竿首破6米大关。紧接着人们又征服了一个又一个惊人的高度。这些说明了人们对一个事物的正确认识往往要经过从实践到认识，再从认识到实践的多次反复才能完成。

2. 认识具有无限性

认识的对象是无限的变化着的物质世界，作为认识主体的人类是世代延续的，人类的实践也随着时间、地点、历史条件和认识深度的变化而不断向前发展，因此人类认识是无限发展的，不久的将来，人们一定会在实践中制造出新的撑竿，去征服一个又一个新的高度。

3. 认识具有上升性

认识的反复性和无限性，并不表明它是一种圆圈式的循环运动，相反，从实践到认识、从认识到实践的循环是一种波浪式的前进或螺旋式的上升。从木竿、竹竿、金属竿、玻璃纤维复合竿到新型碳纤维撑竿，每一次撑竿材质的更新，都比原来重量更轻，弹性更好，更经久耐用，更能发挥出好成绩。

| 名人名言 |

实践、认识、再实践、再认识，这种形式，循环往复以致无穷，而实践和认识之每一循环的内容，都比较的进到了高一级的程度。

——毛泽东

真理是客观的，按照真理办事，实践就会成功，违反真理就会失败，所以在真理面前人人平等；因为真理是一元的，而究竟谁能掌握真理，只取决于是否具有科学的态度。我们运动员要坚持科学训练，诚信比赛，不以权力、金钱为转移，与时俱进，开拓创新，在实践中发现真理、认识真理、检验真理、发展真理。

| 阅读与思考 |

2004年雅典奥运会孟关良和杨文军组合的 C2—500m 率先突破，夺取了我国水上项目的第一枚奥运金牌，实现了历史性突破：这枚凝聚水上几代人梦想的奥运金牌，不像有些人理解的那样，是靠运气偶然赢得的金牌，而是经过科学分析、系统设计和稳步推进的实践打造出来的。

实践中发现多年来制约孟关良成绩提高的主要原因是其体重大、有氧训练不足。2004年冬训，贵州红枫湖亚高原和云南松茂水库高原的阶段性强化训练，使孟的体重降至非常理想的86—88公斤，陆上奔跑能力显著加强，水上长划能力得到质的提高。而杨文军的训练动机和刻苦程度也明显高于去年，他的陆上奔跑能力，相对力量水平也得到了明显提高。在孟、杨的个体能力得到进一步优化的情况下，2004年2月起，开始尝试两人的双人配合。根据雅典奥运会场地气象资料的分析，右桨领桨相对有利。测功仪技术的肌电分析表明，孟、杨具有不同的完成技术的肌肉用力特征。孟为均衡型，而杨为爆发型。结合这两种情况，通过研究，决定由孟领桨、杨跟桨的配合方式。在整个双人配合过程中，孟、杨两人经常因为认识不同而导致各种矛盾和冲突，为此，队里做了大量的思想工作，也进行了大量的关于他们的技术分析。经过不断的磨合，两人的配合日趋默契。这种默契在500米距离得到了很好的体现，他们先后在亚洲资格赛和世界杯划出了世界冠军的成绩。世界杯结束后，距离奥运会开赛仅7周左右的时间，体育总局进行了重要的战略部署，确定1000米为训练重点，确保奥运会500米比赛需要的高强度耐力水平得到有效提升。

随后的训练，划艇组进行了大量的有氧能力训练和750米专项强度训练，这保证了运动员有充沛的体力完成500米高强度的全程竞速。奥运会决赛时，他们在起航发生失误的情况下，一桨桨追赶，尽管在500米全场中有4处他们处于领先位置，但是，他们没有盲目冒进，而是合理把握自己的节奏，同时，打乱了其他艇的节奏，在最后三桨完成了改写历史的重任，实现了我国皮划艇夺取奥运冠军的梦想。这千分之七点二秒的胜利闪烁着理性的光辉，是系统的战略性设计和分步实施的战术性安排相得益彰的杰作。

1. 上述科学分析、系统设计和稳步推进的实践之间有何哲学道理？
2. 孟关良和杨文军夺取奥运会金牌的过程中如何体现实践、认识、再实践、再认识的过程？

# 第五章　唯物辩证法的联系观

## 一、世界是普遍联系的

**| 情境导入 |**

2010年冰岛埃亚菲亚德拉冰盖火山喷发的烟灰致使欧洲航空陷入瘫痪，约有30个国家关闭机场或采取空中管制，有大约680万名乘客出行受阻。除航空业和旅游业蒙受重创外，体育界也发生了许多有趣的故事。

冰岛火山喷发并未影响欧足联的决定，欧冠联赛和欧联杯比赛照常举行。巴萨、里昂、利物浦、富勒姆要分别奔赴米兰、慕尼黑、马德里和伦敦，欧洲大陆足坛顿时狼烟滚滚。备受舟车劳顿的4支客场球队，最终无一胜绩。

冰岛的火山喷发也严重影响了F1上海站的成绩。尽管冰岛和上海有9000公里的距离，但大批欧洲航班被取消，致使部分F1车队的部件或工作人员无法抵达上海。倒霉的车队占大多数：威廉姆斯车队没能用上刚刚研发的失速尾翼；红牛车手韦伯只能用旧零件进行练习；维珍车队的技术总管沮丧地透露，缺乏部件致使空气动力学升级计划失败。

维也纳马拉松赛因火山烟尘而备受打击。有2000多名选手因航班问题最终放弃比赛。波士顿马拉松赛也因众多高手无法前来参赛而星光黯淡，34岁的摩洛哥选手阿都拉法里尔心急如焚，他被困在巴黎多日，却无法找到任何越过大西洋的航班。

伦敦马拉松赛遭遇了同样的困扰。大批参赛选手无法按时到达，组委会只能雇用私人飞机来搭载选手入境。蝉联冠军的万吉鲁在路上整整花费了48小时，换乘了2架专机和5个机场才抵达伦敦。由白雪领衔的中国女子马拉松队原定20日飞赴伦敦，航班却一拖再拖，好在21日正常起飞，并未耽误比赛。

因冰岛火山灰爆发而最终改期或取消的比赛包括世界摩托车锦标赛、欧洲手球锦标赛、世界冰球锦标赛和世乒赛团体赛抽签仪式。国际泳联跳水赛第三站原定英国，无奈改在了墨西哥。包括俄罗斯体操队在内的5支队伍宣布，因无法按时抵达赛地伯明翰，最终放弃体操欧锦赛男子比赛。

国际网联一度考虑推迟联合会杯比赛时间，彭帅买不到从美国到欧洲的机票，只能绕回中国再去瑞典。刚刚摘得欧锦赛女双冠军的俄罗斯羽毛球选手瓦莱里娅和尼娜，双双被滞留在英国，因为签证的缘故，她们只能乘坐飞机回国，一直等到航空管制结束，两位冠军才有机会回国庆祝。

一只蝴蝶漫不经心地扇动几下翅膀，可能在两周后引起美国得克萨斯州一场龙卷风。其原因在于：蝴蝶翅膀的运动，导致其身边的空气系统发生变化，并引起微弱气流的产生，而微弱气流的产生又会引起它四周空气或其他系统产生相应的变化，由此引起连锁反应，最终导致其他系统的极大变化。科学家把这种现象戏称为"蝴蝶效应"。意思是：一种表面上看起来毫无联系、非常微小的变化，可能带来巨大的改变。"蝴蝶效应"发人深省，因火山灰导致航空停运而影响交通，进而影响部分经济的运行。大量的火山灰还会导致气候环境变化，进而影响到人们的生活，以至于影响到了运动员的比赛出行，等等。冰岛火山喷发由火山灰影响环境而带来的社会影响效应，也是"蝴蝶效应"，同样体现了哲学的联系观。

## （一）联系的普遍性

联系就是事物之间以及事物内部诸要素之间的相互影响、相互制约和相互作用。世界上的一切事物都是普遍联系的，从宏观世界到微观粒子，从无机界到有机界，从物质生活到精神生活，事物无不处于普遍联系之中。生物界的食物链是最典型的联系形式。电子计算机和网络技术的发展，使国家、地区和人之间的联系更加广泛，把地球变成了一个"小村庄"。联系的普遍性包括三层含义：事物内部的各要素之间都是相互联系的；事物与事物之间也是相互联系的，任何事物都不是孤立存在的；整个世界是相互联系的统一整体，世界上没有孤立存在的事。

体育也是一个复杂的系统，由竞技体育、群众体育和体育教育组成。竞技体育则是由田径、游泳、足球、篮球、乒乓球、羽毛球等多个项目组成的系统。体育与社会的作用是相互的、双向的。一方面，体育的发展除内部动因外，还有社会因素对它的制约和影响。社会的经济、政治、军事、法律、教育以及哲学、道德、艺术等意识形态，都会不同程度地影响着体育的发展。当然，一个国家的体育尤其是竞技水平的高低，还受其他因素的影响，如人口的数量、历史的传统、国家和社会的重视程度等等。另一方面，体育对社会的发展，对人们生活方式的改善和生活质量的提高以及对人的发展又有重大影响。竞技体育与世界各国普遍交往，无论是超级大国、发达国家，还是第三世界的发展中国家，世界不同肤色、不同信仰、不同习俗、不同语言的人们纷纷走到一起，聚集在世界竞技场上进行交访、对话、竞争。百年奥运，中华圆梦。北京奥运会"同一个世界，同一个梦想"的口号，以及北京冬奥会"一起向未来"的口号，都以最简洁的方式，表达了最丰富的内涵。它集中体现了奥林匹克主义的共同价值观，这就是团结、友谊、进步、和谐，共同参与，同享和平的梦想，它表达了世界各国的朋友们在奥林匹克精神的感召下，追求人类美好未来的共同愿望，也展示了中华儿女面向世界的博大胸怀。

## | 名人名言 |

当我们深思熟虑地考察自然界或人类历史或我们自己的精神活动的时候，首先呈现在我们眼前的，是一幅由种种联系和相互作用无穷无尽地交织起来的画面。

——恩格斯

唯物辩证法关于普遍联系的观点，要求我们在认识和实践中自觉地从联系的观点出发，在相互联系中把握事物。

首先，要坚持在事物的全面联系中完整地把握事物。在认识事物的过程中，把个别事物从普遍联系中抽取出来，或者把事物整体的各个组成部分分割开来，单独地、分别地加以研究，这是完全必要的，但在研究个别事物或其组成部分时，不能忘记它同周围有关事物的相互联系、相互作用和相互制约，不能忘记它同整体以及整体中其他部分之间的联系。黑格尔曾经生动地举例说："人的手只有作为人体的有机组成部分，与其他器官有机地联系在一起，才是真正的手。把手割下来，使之脱离人体，它就不再是现实的手，而且很快会腐烂。"

从单个项目内部联系来看，排球运动是一个统一的运动系统。它包括接发球、传球、扣球、拦网等技术。其中，任何一个环节都不能孤立存在，只要有一个环节技术掌握不好，就会影响整体比赛成绩。如果接发球不好，一传不到位，二传也就传不好，进攻也就组织不起来；如果接球到位，而二传技术很差，传不起来，也不能组织进攻。如果二传传得好，扣球队员过于紧张，起跳过早或过晚，也扣不好球。一支高水平的球队每个队员都必须全面掌握技术，缺一不可。另外还要加强心理素质的培养，紧密配合，才能形成一个有实力的统一的战斗集体。西方有首民谣：丢失一个钉子，坏了一只蹄铁；坏了一只蹄铁，折了一匹战马；折了一匹战马，伤了一位骑士；伤了一位骑士，输了一场战斗；输了一场战斗，亡了一个帝国。这足以说明联系的普遍性。

其次，坚持用普遍联系的观点看问题，不仅是唯物辩证法的基本要求，也是我们认识世界、不断创新的科学方法。在自然科学的发展中，不同学科的联系和交叉开辟了许多新的研究领域。比如体育学和仿生学的交叉形成体育仿生学，通过深入认识生物系统的结构和功能，进行模仿、模拟或从中得到启迪，并有效地应用到运动技术、运动训练、运动器械、体育建筑等领域。国内外许多优秀运动员都以疾驰动物的奔跑特点为模式，认真模仿动物步态的蹬地扒地动作，合理地控制后蹬角度，加快动作频率。在中国的武术中，也有人们模仿动物的一些动作而使搏击技巧出神入化，拳法模仿十二种动物的生活形态和搏斗特长，组成了形意十二形拳。

再次，必须摈除形而上学的思维方式。形而上学就是用孤立的、静止的和片面的观点去看世界的世界观和方法论。形而上学否认事物的普遍联系。因此，我们必须反对形而上学孤立的观点，用唯物辩证法联系的观点来观察和处理问题，揭示客观存在的事物的联系，并对各种不同的联系做出具体分析，准确把握它们各自的性质、作用和规律。如一场比赛不仅是指运动员在比赛场上行为的结果，还包括人类的政治、经济、科学、文化等社会活动，包括运动员的训练、教练员的指导和科研人员的科研，包括裁判员的裁判行为和对手的对抗行为，包括比赛场地、器材、设备、观众、气象和地理环境等。诸多因素组成一个庞大系统，具有复杂性、庞大性、动态性和随机性。当然运动员在比赛中的力量、速度、耐力、柔韧、灵敏及比赛时使用的技术、战术等是本质的联系。

## （二）联系的客观性

联系的客观性是指联系是事物本身所固有的，是不以人的意志为转移的，不是主观臆造的。种瓜得瓜，种豆得豆。自在事物的联系在人类产生以前就存在了，人为事物的联系是人类实践的产物，形成后便独立于人的意识之外。比如运动人才的选拔，一定要针对运动项目的特殊要求，考察运动员的体形、素质与机能，遗传和社会环境等综合因素，这些因素对于一个运动员成才有着必然的联系。训练中教练根据参赛者的技术、身体条件和运动器材等客观条件，以比赛情况和比赛双方的力量对比等实际情况作为客观依据，提出相对应的战术，其实就是在找出它们之间客观存在着的正确的联系，从而使运动团队形成战斗能力，促成比赛获得成功。运动是力量或能力的较量，是双方意念品质、技术技能、战略战术的对比。意志品质、技术技能、战略战术三个基本要素相互作用的系统所综合形成的实力的强弱，就是运动竞赛中起决定作用的本质的必然的东西。

联系的客观性要求我们从事物固有的联系中把握事物，切忌陷入主观随意性。日常生活中常有一些说法，如乌鸦叫丧，喜鹊叫喜；左眼跳灾，右眼跳福等。有人认为4和13是不吉利的数字，6、8、9是吉利的数字，认为它们与人的祸福有联系。这种观点否认了规律的客观性，是一种主观臆断的联系，是唯心主义的观点，它不仅不能给我们的生活带来吉利，反而会给我们的生活带来诸多负面影响。

联系是客观的，并不意味着人对事物的联系就无能为力了，人们可以根据事物固有的联系，改变事物的状态，调整原有的联系，建立新的具体联系，比如南水北调、西电东送、西气东输等工程。2008年焰火组成的29个巨大彩色脚印，拉开了第29届北京奥运会的序幕，象征着现代奥林匹克盛会一步步向着北京走来，进入鸟巢。这29个大脚印的点燃采用了电脑系统控制，采用的是数码点火的方式。这种技术在很短的时间内就能点燃所有焰火，保证焰火可以在短短几秒钟之内横穿3.5公里。另外，在鸟巢旁边的龙形水系设有22个发射点，利用电脑进行数码控制之后，所有的焰火弹能够接连不断地射上天空，让焰火整体看起来就像一条腾空的巨龙一样，呈现出与以往不同的视觉效果。电脑系统控制就是根据事物固有的联系，利用科技手段进行调整与控制，建立起人们预想的声、光、电之间的联系。

## （三）联系的多样性

世界上的事物千差万别，事物的联系也是多种多样的。联系的多样性的表现形式有直接联系和间接联系、内部联系和外部联系、本质联系和非本质联系、必然联系和偶然联系等。运动员直接参加奥运会是直接联系，卫星上天和奥运会进行是间接联系。比赛中为了战胜对方，战术上搞"迷魂阵"迷惑对方就是让非本质联系吸引对方眼球，不让对方看清其真正实力与真正的战术意图，即本质的联系，用来打乱对方的部署，达到克"敌"制胜的目的。例如在层次较高的篮球比赛前，最先展开的是对情报信息的收集，因为比赛之前消息非常多，铺天盖地，令人眼花缭乱，当然其中肯定有一些是误传，有一些是以假乱真、故弄玄虚的烟雾弹，是迷惑对手的假信息、伪信息。这就需要各队之间充分利用身边的资源以及先进发达的科学技术，最大限度地收集资料信息，认真筛选，去除非本质的联系，找出本质的联系，做到知己知彼，心中有数，制订最佳的克敌方案。

必然联系和偶然联系是两种特殊的因果联系。1986年1月20日这天，美国女排优秀主攻手海曼在日本排球场上突然死亡。她静静地躺在担架上离去了，无声地辞别了队友。为什么这位世界排坛明星会突然死亡呢？当时人们非常震惊，不知原因何在，认为是偶然联系，但尸检发现她有先天性遗传疾病"马凡氏综合征"，从病理上表现为弹性纤维丧失，血管增生和扩张，心脏瓣膜缺损等。因此患有这种疾病的人，一旦心血管系统负担过重或引起大动脉瘤的破裂，猝死是必然的了。

联系的多样性要求我们注意分析和把握事物存在和发展的各种条件。运动竞赛是运动员徒手或持械（物）在具体的空间、时间中，按照一定规律进行角逐的一种活动。由于事物之间存在着普遍联系，这些联系又有内部联系、外部联系、直接联系、间接联系之分，因此一场比赛就不能不受多种因素和条件的影响、制约。一般说来，运动员的身体状态、竞技状态等要受到气候（气压、温度、湿度、空气成分、风力、风向、阴晴、雨雪）、代谢（饮食、营养）、活动安排（起居、劳逸）、生活习惯（爱好、兴趣、规律）、心理特点（类型、气质、志向、信念）、情绪（家庭生活、伙伴关系、社会环境、舆论、处境）、疾病（伤、病、残及医疗）、比赛场地（质料、光线、方向、状态）、器械（质量、性能）、编组（竞赛对象、顺序）、对手特点（水平、品质、长处、短处）、比赛时间（早、晚、场次）、裁判（态度、水平、特点、角度）、观众（倾向、态势、场面）以及服装、经历、经验、思想文化修养、素质条件、技术水平、临场指挥、战术运用等多种因素的影响。而运动员在竞技中的具体动作，还要受到他所处的位置、角度、身体的姿势、前后的动作、对手的竞技状态、技术手段、采取的措施等各种条件的制约。对待比赛，我们既要注重客观条件，又要恰当运用自身主观条件；既要把握事物的内部条件，又要关注事物的外部条件；既要认识事物的有利条件，又要重视事物的不利条件。总之，一切以时间、地点、条件为转移。

| 相关链接 |

　　运动员超水平能动性的发挥，需要多种因素和条件。第一，运动员平时的勤学巧练，具有稳定的动作成功率、坚实的竞技运动基础，这是最重要的基本条件。第二，运动员对竞赛大环境要有极强的适应能力，不论环境状况如何，都能排除干扰，进入角色投入拼搏。第三，运动员心理上自我调节能力要强，能够保持稳定的情绪、顽强的意志，具有必胜的信心。第四，运动员要善于形成与保持适度的竞赛兴奋性，具有进入最佳竞技状态的良好技能。第五，教练员临场指挥得当，场内场外形成统一思想、统一行动、协同组织的有机整体。第六，同场队友密切配合、相互信任、相互支持，具有较高水平的协同性。第七，其他可能发生的偶然因素作用也不可忽视。如裁判公正性程度的作用等。

# 二、用联系的观点看体育生活

**| 情境导入 |**

### 即使天赋再高，你也要学会合作

NBA 史上第一人迈克尔·乔丹曾经说过："天才可以赢得一些比赛，团队合作才能赢得冠军。"

乔丹可能是 NBA 历史上最有天赋、个人能力最强的人之一。在他职业生涯的第一个赛季（84—85赛季），他便以场均28.2分、6.5个篮板、5.9个助攻荣获最佳新秀，这是怎样的一个数据呢？勒布朗·詹姆斯的第一个赛季也只有20.9分、5.5个篮板、5.9个助攻而已。而在乔丹生涯的第三个赛季（86—87赛季），他的场均得分便达到了37.1分，之后，他势如破竹，一连夺取了十个得分王，这在 NBA 历史上，是绝无仅有的。

但即使强如乔丹，也直到91—92赛季，才夺取了个人第一个 NBA 总冠军。而夺取总冠军的秘诀便是：他渐渐地不再迷信自己的个人能力，而开始学会和队友合作。

正因为乔丹的信任，皮蓬、格兰特才能逐渐成长起来，而放荡不羁的罗德曼也被他管教得服服帖帖，极其卖命。三军用命，最终成就了公牛王朝。

体育团队不是个体或几个不同目的的简单集合，团队应是一个整体，建立在其成员的相互依存和相互作用的基础上，并有特定的团队目标。作为团队中的一员，绝对不能抱着单打独斗的思想，一定要明确一项完美的项目或者工作仅靠一个人的力量是非常有限且艰难的。即便像乔丹这样天赋极高的人，也必须和团队里的其他球员密切合作，才能成就比赛和人生的辉煌。

## （一）坚持整体与部分的统一

### 1.整体与部分的含义

整体与部分，又称全局与局部，是客观事物普遍联系的一种形式。任何事物，大至宇宙天体，小到一个基本粒子，不论是自然界、人类社会还是思维领域中的事物，都有它的整体和部分。整体，是指由事物的各内在要素相互联系构成的有机统一体及其发展的全过程。部分是指组成事物有机统一体的各个方面、要素及发展全过程的某一阶段。如果把太阳系当成整体，那么地球、月球就是部分。如果把一个人当整体，那么人的大脑、四肢、肠胃等就是部分。如果把重竞技系作为一个整体，那么柔道队、拳击队、武术队、跆拳道队、举重队就是部分。

### 2.整体和部分的辩证关系

整体和部分既相互区别又相互联系。整体和部分的区别首先在于在同一事物中，整体和部分是有严格界限的，整体是由部分构成的，它不能同时又是部分。部分是整体中的不同"元件"，它不能同时又是整体，二者不能混淆。体育院校是一个整体，每一个系是学院的一部分，绝不能把学院与每一个系等同起来。如果把我们运动队作为一个整体，那么每个运动员就是团队的一部分，绝不能把运动队与运动员个人等同起来。

整体和部分的区别还在于，二者的地位和功能是不同的。这种地位和功能不同主要有三种情形。

第一种情形是，整体具有部分根本没有的功能。

心理学家认为，运动员的成绩是由运动员的身体状态、精神面貌及技术状态三个因素构成的三元整体决定的。就像三角锥体顶点，如图所示，运动员在竞争时，这些因素中任何一个因素减弱，顶点就会倾倒或崩溃，从而把取得理想成绩的努力化为乌有！

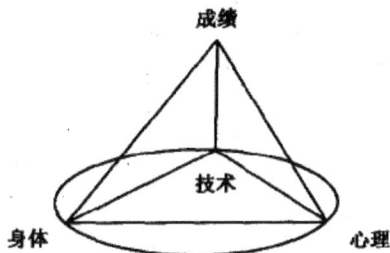

而运动员要达到运动的最佳状态，背后依靠的也是整体的力量。在刘翔身后，始终都有这样一个群体，他们被外界称为"翔之队"。

| 相关链接 |

"翔之队"成员基本上由上海田径队及国家体育总局的工作人员组成。整个"翔之队"分为生活保障组、科技攻关组和指挥决策组等，全面负责刘翔的训练、比赛和生活。

训练的决策者是师傅孙海平，刘翔生活点滴的"托付者"则是李国雄。作为刘翔生活保障组的组长，他的工作原则是让刘翔"休息好、恢复好、吃得好、极富科学营养、排除各种干扰，一心无二用"。

科研组是"翔之队"里最早成立的部分。他们的任务是记录、收集教练用肉眼看不到的情况，并且进行数据分析。中国田径队总教练冯树勇亲自担任科研组的组长。

康复治疗小组是2008年刘翔脚踝受伤后组成的。其中既有中方的康复按摩师，也有外国的运动医学专家。

第二种情形是，整体的功能大于各个部分功能之和。

如果其中一个因素特别突出，就能弥补其他两项的不足，取得意想不到的成绩。因此我们可以这样认为：在相同的体力条件下，技术优越者可取胜。如果技术相等，那么可用体力压倒对手。如果技术和体力都相等，那么最后能冲破这个平衡，取得好成绩的因素是心理的力量。某种程度上来说，女排承载着中国体育集体项目的灵魂，象征着团队协作的至高结晶。2016年里约奥运会上，中国队与荷兰队第二战，全队12人人人登场，个个拼命。其实论实力，中国女排并不比荷兰队强出太多。因为每一局比分，中国队都只以2分的优势胜出。然而就是这样惊心动魄的较量，方能显现女排精神，方能彰显英雄本色，中国女排团体发挥出了远大于身体状态、技术状态和精神面貌各功能之和的水平。

第三种情形是，整体的功能小于部分功能之和。

据说拿破仑在他的一篇日记里记载了一段他对法国兵和马木留克兵力量对比的分析：两个马木留克兵绝对能打赢3个法国兵；100个法国兵与100个马木留克兵势均力敌；300个法国兵大都能战胜300个马木留克兵，1000个法国兵总能打败1500个马木留克兵。马木留克兵虽然骑术精良，但纪律涣散，团队的战斗力非常有限，因而形成了整体功能小于部分功能之和的现象，而法国兵虽然骑术一般，但在拿破仑的严格训练下，纪律严明，团队战斗力非常强，整体的功能就大于部分功能之和。在足球比赛中，教练如果对运动员的配置不好，前、中、后场的安排不当，战术、队形的运用欠佳，球员在场上不互相配合，这样，整场比赛就很难取胜。现在有些单位，人浮于事，三分之一的人干，三分之一的人看，三分之一的人捣蛋。"一个和尚挑水喝，两个和尚抬水喝，三个和尚没水喝。"这说明当部分以无序、欠佳的结构形成整体时，各部分原有的性能得不到发挥，力量削弱，甚至相互抵消，从而使整体功能小于各部分之和。

整体和部分的联系主要表现在两个方面：

第一，二者不可分割。整体由部分组成，如果失去了部分，就无所谓整体了。反过来，部分是整体中的部分，如果失去了整体，部分就失去它原来的意义。

## | 拓展阅读 |

2008年北京奥运会中国体操女团，再次书写了体操之美，为世界奉献了一场精彩绝伦的演出。高低杠女王何可欣一套动作如行云流水，"绝活"秀得全场尖叫，连 NBC 现场评论员也大赞这套动作无人能做。她毫无疑问地获得了 16.850 的高分。

平衡木的比赛可以用"跌宕起伏"四个字来形容。程菲的动作难度极高，却意外从平衡木上落下，只得到了 15.150 分，紧接着上场的邓琳琳，关键时刻顶住了压力，小翻后屈两周下十分漂亮，得到 15.925 分，而最后上场的李珊珊更是如履平地，落地纹丝不动！当她高高扬起双手，挺起胸膛，露出美丽笑容的时刻，刚刚还宁静无比的场馆一刹那爆发出了巨大的欢呼声，16.050 分！

自由体操，三名运动员邓琳琳、江钰源、程菲的表现丝毫没有露怯，尤其是江钰源，前三串跟斗的落地几近完美，而且以中国传统音乐《掀起你的盖头来》为背景，极有感染力，她面带灿烂的笑容，加上灵动的舞姿，几乎把体操、舞蹈、表演结合到了最完美的状态，全场跟着江钰源的动作甚至不约而同地一起有节奏地鼓起掌来，随着一个漂亮的结束动作，15.200分！而程菲也丝毫没受平衡木影响，每一个动作都让全场忍不住齐声欢呼，她圆满完成了最后的跳跃，落地生根，15.450分！中国队首次在奥运会上获得了体操女团的金牌！

这样一场精彩的比赛我们只能用"惊心动魄"四个字来形容，没有"六朵金花"每一个人的努力和精彩的表现，不可能获得最能体现整体实力的团体金牌，相反，如果整体实力不强，每一个个人想要获得这枚金牌也是妄想。

## | 名人名言 |

　　割下来的手就失去了它的独立存在……只有作为有机体的一部分，手才获得它的地位。

——黑格尔

第二，二者相互影响。整体的性能状态及其变化会影响到部分的性能状态及其变化；反之，部分也制约整体，甚至在一定条件下，关键部分的性能会对整体的性能状态起决定作用，"一着不慎，全盘皆输"，说的也是这个道理，"木桶理论"也说明了这个道理。

## | 相关链接 |

　　田麦久教授把经济学界的"木桶模型"引入了运动训练领域。木桶模型是指一个木桶里面能盛多少水不是取决于最高的那块木板，而是最低的那块。所以同理，把运动员的总体竞技水平比作木桶中水的高度，各个木片的长度代表不同的制胜因素。在这个模型中，运动员的竞技水平，并不取决于那些优势因素，而是取决于最短的木片所代表的劣势因素，因为水的容量取决于最短的木块。因此篮球运动员竞技能力中的劣势因素是需要我们冷静地认识与发现，并及时地训练发展，进而从整体上提高运动员比赛中的竞技水平。

### 3. 理解整体和部分的关系具有重要意义

首先，要树立全局观念，办事情要从整体着眼，寻求最优目标。它要求我们想问题、办事情应当从整体出发，从全局出发，立足整体、统筹全局，选择最佳方案，以求实现整体或系统的最佳目标。竞技体育作为人类活动方式，同样需要团队合作。当然，团队合作的形式是多种多样的。在竞技体育中，团队合作不是一窝蜂上，而是各司其职又相互照应，成为一个有机的整体。单打独斗的个人英雄主义在竞技场上已经过时了，即使是个人项目，没有团队的支持，也是很难取胜的。如男子乒乓球项目，在欧洲出现了一大批优秀运动员之后，尤其是中国队的训练对国外的运动员公开之后，为什么中国运动员还是具有明显的优势？用中国乒乓球运动员自己总结的话来说，那是因为中国队一直是作为一个紧密的团队在打球。

其次，要重视搞好局部，使整体功能得到最大发挥。由于任何整体都是由部分组成的，部分的性能、状态及其变化会影响到整体，在一定条件下还可能起决定作用；因此，我们在强调局部服从整体的前提下，也应该十分重视局部的作用，只有把局部搞好了，才能达到使整体功能大于局部功能之和的理想结果。在相互共容共生的教练与运动员的关系中，教练员要不断地奖励运动员做出的努力和取得的成绩，形成良性互动，增强体育团队的凝聚力。同时，个体成员是团队主体的重要组成部分，个体成员的需求对团队的利益也有一定的影响，如果在团队中能够满足个体成员的需求，使其产生了满意感，这种满意感也会促使其在心理上对团队产生一定的向心力。

总之，认识和处理问题既要认真对待每一个局部的细节，重视个体对整体的意义，又要善于从大局出发，把局部问题放在整体的联系中去认识和解决。既要充分认识到集体在个人人生发展中的重要作用，也要充分认识到个人对集体和社会的重大价值。

## （二）掌握系统优化的方法

### 1. 系统的含义

整体和部分的关系，在一定意义上就是系统和要素的关系。系统是由相互联系和相互作用的诸要素构成的统一整体。如在自然界，大至太阳系、银河系、总星系等是一个系统，小至微观领域里的原子、原子核、基本粒子也都是一个系统，人体也是由运动系统、神经系统、消化系统、呼吸系统、生殖系统、循环系统、内分泌系统等组成的复杂系统。新时代中国特色社会主义建设是一个包括经济、政治、文化、社会、生态五位一体的系统，体育属于文化建设中的一个子系统。

### 2. 系统的基本特征是整体性、有序性和内部结构的优化趋势

体育运动具有整体性，它是一个内部结构相对稳定、有序和难以人为分割的整体。在我国，由于经济、社会等发展的不平衡，造成明显的体育运动整体发展不平衡，如经济相对发达地区与经济比较落后地区之间的体育发展不平衡，城镇与乡村之间的体育发展不平衡，等等。这些不平衡也是体育整体协调发展需要解决的问题。在体育事业内部，由于主客观多种因素的决定，群众体育、学校体育、竞技运动、体育科技、体育活动设施建设等方面也存在不平衡。消除体育发展中的种种不平衡

现象，使之向相对平衡、稳定发展，都需要树立体育运动整体协调发展的思想。

一支运动队要想取得比赛胜利，也必须从运动队整体考虑战术。系统整体的特性和功能不等于多要素特性和功能的简单相加，系统中各要素的特性和功能，也不同于它在孤立状态下的特性和功能。例如，由明星组成的球队，往往不能战胜一支训练有素的球队，世界女子排球明星队曾输给中国女子排球队，世界足球明星队也常常负于某一俱乐部，就说明了系统整体功能并非要素功能的算术之和。又如，一个高大的篮球中锋如没有其他队员的配合，他在篮下利用身高优势进行强攻的特点就难以发挥。

体育运动的系统具有有序性。有序包括群众体育、学校体育、竞技运动、体育科技等静态结构有序，也包括各子系统重点与非重点、先后与主次等动态发展有序。体育整体协调发展认为群众体育、竞技运动各部分有主有次、有先有后、有重点有非重点的发展才是协调的，不分主次、先后和重点、非重点的发展是不协调的。如果都是重点，等于没有重点。这也正像毛泽东曾经形象比喻的："学会弹钢琴。弹钢琴要十个指头都动作，不能有的动，有的不动。但是，十个指头同时都按下去，那也不成调子。要产生好的音乐，十个指头的动作要有节奏，要互相配合……"

在体育系统整体内部，有竞技运动与群众体育等协调发展问题，而各子系统内部也同样都有深入可分的协调发展层次，如在竞技运动子系统内部有重点项目与非重点项目协调发展问题，在重点项目中有田径、游泳、体操、乒乓球等项目的协调发展问题，在田径项目中又有奥运单项与非奥运单项协调发展问题，在奥运单项中又有已有重大突破、近期可能有重大突破单项和在近期内不可能有重大突破单项的协调发展问题等；其他如体育设施建设子系统中有用于竞技运动的设施与用于群众体育活动的设施协调发展的问题，用于竞技运动的设施建设中又有大、中、小型设施协调发展的问题；体育科技子系统中有体育基础科学研究与应用开发研究、体育自然科学研究与体育哲学社会科学研究之间的协调发展问题。

系统具有内部结构趋向优化性。系统的结构联系对系统的功能有特殊的作用。不同性质的要素可以构成不同的系统，相同的要素因结构不同也可以构成不同的系统。研究系统结构，主要是研究系统内部各要素的排列顺序和组合方式。在要素已经确定，环境影响不大的情况下，巧妙地安排系统内部结构，以提高或改变系统的功能。结构决定功能是一条普遍的规律，在赛场上，合理的布阵能使球队的战术能力得到充分发挥，而且由于优化阵容结构，还能够赋予各要素以新的特征和功能。相反，错误的布阵会导致整个球队战术能力的削弱，这在许多比赛中可以看得很清楚。一个好的教练员，总是在赛前反反复复分析对手的情况，就是为了寻找对方的最大弱点，以利于给其致命的一击。硬碰硬的战术，完全以实力取胜虽有可能，但付出的代价必然较大，弄不好还会徒劳无功。

再比如群众体育、学校体育、竞技运动、体育科技等各要素之间的联系都应从整体协调出发来考虑问题，局部的、孤立的协调不可能实现系统整体的最优化和整体目标。而体育整体的协调效果应使体育系统整体效益大于各孤立部分之和，这也是体育系统整体协调发展的重要意义所在。2017年第十三届天津全运会，回归大众，让群众体育与竞技体育协调发展。竞技体育瞄准更快、更高、更强，不断挑战极限，展现更好的竞技水平，群众体育不断提高普及率和覆盖率，使全体市民人人都能参与体育、孩子从小喜欢体育，人人为我国建设成体育强国做出更大贡献。

　　系统优化的方法要求我们用综合的思维方式来认识事物。既要着眼于事物的整体，从整体出发认识事物和系统，又要把事物和系统的各个部分、各个要素联系起来进行考察，优化组合，最终形成关于这一事物的完整准确的认识。

**| 阅读与思考 |**

　　一支篮球队由后卫、前锋和中锋组成，一支排球队由主攻手、副攻手和二传手组成，一支足球队除守门员外，还有后卫、前卫、前锋队员，战术的组成不仅与队员的场上位置有关，而且与每一队员的特点有关。战术配合由不同位置的队员共同完成，而不同位置上队员的特点又决定了战术的运用，所以比赛中常以替换运动员来改变战术打法。

1. 系统的含义和基本特征是什么？
2. 请从哲理上分析教练员为什么在比赛中常以替换运动员来改变战术打法。

# 第六章　唯物辩证法的发展观

## 一、世界是永恒发展的

**| 情境导入 |**

　　跳高比赛最早出现于1864年的英国，据记载，最早的跳高纪录是英国运动员用跨越式创造的，当时成绩是1.67米。1867年英国运动员布鲁克斯用这种跳法跳过1.89米。1895年美国运动员斯维尼改用剪式跳过1.97米。以后又出现了滚式跳法。1912年美国运动员霍列因首次突破两米大关，被国际田联确认为第一个正式的跳高世界纪录。1923年又有运动员尝试一种腹对横竿过竿的新跳法，即俯卧式。1935年美国运动员约翰逊和阿尔布烈顿用这种跳法跳过了2.07米。此后，俯卧式跳法逐渐地取得了优势。1956年美国运动员杜马斯和苏联运动员斯捷潘诺夫先后创造了2.15米和2.16米新的跳高世界纪录。

　　20世纪60年代以后，在较为完整的力量训练体系基础上，运动员在技术上有意识地加快了助跑的速度，并采用直腿摆动的起跳技术，从而使起跳的功率得以加大，起跳以后人体腾起的高度有了提高。1961—1963年苏联运动员布鲁梅尔采用直腿摆动的俯卧式跳高技术，把纪录从2.23米提高到2.28米。

1968年美国运动员福斯贝里首创背越式跳高新技术，并以2.24米夺得墨西哥奥运会金牌，又一次展开了两种跳高技术的激烈竞争。70年代两种跳法的运动员都曾打破过世界纪录。进入80年代背越式跳高技术完全取得了优势，这不仅是由于跳高世界纪录均为背越式跳高运动员所保持，更主要的是通过研究表明，背越式跳高的这种技术结构，提供了从速度上进一步挖掘人体极限运动能力的可能性。目前男女跳高世界纪录已经达到了2.45米和2.09米，是由古巴运动员索托马约尔和保加利亚运动员科斯塔迪诺娃分别在1993年和1987年创造的。

一种传统的跳高方法不断地被新的跳高方法所取代，是跳高技术发展前期的一个重要特征。跳高姿势从跨越式演变为剪式，由剪式演变为滚式，由滚式演变为俯卧式，然后是当今流行的背越式。这一演变过程进一步证明一切事物都是在运动变化发展的。世界上一切纷繁复杂的万事万物不仅是普遍联系的，而且是运动发展的。永恒发展的观点是唯物辩证法的又一个总特征。

### （一）发展的普遍性

1. 自然界是变化发展的

科学的发展证明生物是不断进化的。在大约32—34亿年以前，地球上出现了生命。最初的生命还没有形成细胞结构，经过长时期的演化，才发展为原始细胞形态的生命。再经过漫长的进化过程，又从原始细胞形态的生命发展为核细胞，进而发展为真核细胞。真核细胞产生后，生物界分化为两大支，即原始的单细胞植物和动物。

植物经过了从单细胞到多细胞，从水生到陆生的发展过程。一般认为，植物的进化过程，是由藻菌植物分化出苔藓植物和蕨类植物，然后再由蕨类植物顺次进化为裸子植物和被子植物。

动物也是从单细胞到多细胞。原始多细胞动物分化出海绵动物和腔肠动物，腔肠动物有两个胚层。腔肠动物进一步发展，从二胚层动物分化出三胚层动物。三胚层动物是两侧对称的动物，它继续发展分为两支：一支是原口动物，包括扁形动物、线形动物、环节动物、软体动物等；另一支是后口动物，主要包括棘皮动物、脊索动物等。原始的脊索动物后来又分化出脊椎动物。动物在更漫长的进化过程中，绝大部分时间在水域生活，大约三四亿年前，出现了鱼类向两栖类的过渡，两栖类中又分化出爬行动物。爬行动物衰亡了，鸟类和哺乳动物代之而起。最后，哺乳动物中灵长类一支的古猿经过漫长的进化过程一步一步发展起来，其中经历了猿人类、原始人类、智人类、现代人类四个阶段。

## | 相关链接 |

有世界屋脊之称的青藏高原，在距今2亿年前—4000万年前曾是一片汪洋大海，后来由于地壳运动使海水从北向南逐步退却，同时又受到印度大陆板块向北推移的巨大力量的挤压而逐步升高，才逐渐演化为高原地带。今天，青藏高原整体上仍然处在隆升过程中。长江最初由东向西，一泻千里，流入古地中海。随着西高东低的走势逐步形成、青藏高原的出现，才发展到今天我们所看到的滚滚东流的巨川——长江。

### 2. 人类社会是发展的

纵观人类历史，社会形态从原始社会、奴隶社会、封建社会、资本主义社会再到社会主义社会的更替，表明人类社会是一个不断发展的过程。生产工具和方式从木棒石器、刀耕火种到机械自动化、机器人，从独木舟、独轮车到高铁飞机再到运载火箭、宇宙飞船等变化来看，也印证了人类社会是发展变化的。

**| 经典案例 |**

公元前776年的一天，古雅典的奥林匹亚热闹非凡，人们步行或骑马赶往那里，因为那里要举行一场盛大的竞技运动。运动员像离弦之箭般向前方跑去，脚下的沙砾、身上的简易布衣在风中呼呼作响。看台上人们在振臂欢呼，为心中的英雄加油！真想把精彩场面告诉朋友呀，可是只能回去说了。太阳下山了，暮色渐染，于是人们渐渐散了……期待第二天的精彩竞技。

2008年8月8日，奥运会马上要开始了，小张激动不已，前一周就订好了飞往北京的机票，昨天到了宾馆，好好休息了一夜，就等着今天的开幕式了！开幕式太精彩了，场地上变幻莫测。演员的服装在灯光和高科技的作用下，变幻着各种颜色。小张心中激动万分，赶忙把这精彩的表演用数码摄像机录了下来，然后用微信传给他的妈妈看。夜已经深了，可是整座城市还是那么热闹，充满了活力……小张要在微博上写下自己今天的感受。

以上的文字材料给我们展现了古雅典奥运会和现代奥运会不同的场

景，与古雅典奥运会相比较，当今的奥运会人们的出行方式从步行或者骑马发展到了高铁、飞机或汽车轮船多种选择，运动员的服装从简易的布衣发展到各种高科技衣服，赛场从简陋的沙砾发展到精良的场地，赛场的见闻从只能通过口述书写发展到通过各种数码设备、发达的网络通信，足不出户就可以享受精彩真实的实况以及各种网络服务。从古时候人们一天的比赛项目结束后，夜生活单调乏味发展到现代人可以通过电视、录像观看比赛，可以进行唱歌、健身、上网等丰富多彩的娱乐活动等等，所有这些印证了人类社会在交通、经济、科技、各种融媒体、文化娱乐等方面的发展。

### 3. 人的认识是发展的

认识没有终点，科学没有顶峰，任何理论都在不断发展。人类的知识积累都会经历一个由不知到知、由知之不多到知之较多的过程，对事物的认识也都会有一个由浅入深的过程。

运动训练从近代运动开始形成到18世纪50年代，一直缺乏科学依据，主要由竞技指导者根据个人经验或模仿优秀运动员技术动作指导训练。"教练员"一般都是年龄较大、技术较好的运动高手，那时的"教练员"还缺乏生理、解剖等方面的知识，绝大多数指导者信奉的是增长运动时间的原则。

从19世纪末到第一次世界大战前夕，经验的、模仿的运动训练逐步向科学训练过渡。在这一时期，医学、生理学，以及遗传学等领域取得的科研成果，开始对运动训练产生影响。医学界和生理学界在肌肉和心脏方面的研究成果（1884年意大利生理学家安吉罗·莫索发明的肌肉测量器，19世纪90年代心脏机能和血液循环方向的新发现，20世纪初血况测验、心血管效能测定方法的问世），逐渐进入运动训练研究领域。德国心理学家温特的研究成果，使运动训练指导者开始从新的角度——

运动员的"兴趣"（心理）来考虑训练的安排问题。另外，高尔登遗传研究中关于人的特性可以测定的结论、巴甫洛夫的条件反射学说、比内和西蒙关于联想与记忆的理论、技巧运动测定法则等的问世，都为研究运动训练过程打下了理论基础。

经过长期的经验积累，运动指导者最终明白过来：要获得优异的运动成绩，不能仅凭个人经验，也不能处处模仿，更不能让运动员一味蛮干，而是必须在形成其运动技术的同时也培养其取得好成绩必备的身体素质和能力。此后教练员在运动队中的地位代替了原先的职业选手，他们不再是运动员的"陪练"，而成为全队技术、战术训练方案的拟订者。

**| 名人名言 |**

世界不是既成事物的集合体，而是过程的集合体。

——恩格斯

## （二）发展的实质

**| 经典案例 |**

扑通一声，泳池里溅起一片很大的水花，7岁的小跳水队员做了一个不是很理想的三米跳板跳水动作。几乎与此同时，监控室电脑上的"跳水视频分析软件"就显示出小队员该动作完成情况的各项系数，如起跳的高度、速度和角度，身体打开时机等。教练员从系统中调出他以往完成这个动作最好成绩的视频，与之一对比，便知此次水花过大的原因是起跳太低。理想状态下入水时身体应近似一条直线，而这次由于起跳高度不够，空中动作完成得迟了，没有充分的下落时间打开身体，脚的入水点落在了头的前面。

这是清华大学体育教研部的陈教授在他办公室里给记者展示软件的一幕，办公室的玻璃墙外，就是运动员进行跳水训练的泳池。之前跳水队也有动作图像的分析监控系统，但有两大缺陷：首先，动作各项数据的采集是用在运动员身上"标点"的方式，由于跳水有入水过程，这些"点"里的电子元件只能一次性使用，因此非常不便；其次，动作图像都是用相机拍摄下来再用电脑分析的，不能满足现场实时反馈的需要。而现在在训练或比赛时能及时知道自己刚完成的动作所存在的缺陷，就可在下一轮跳水时有效地避免犯同样毛病。

多年来，以技术训练为主的跳水一直以经验教学为主，教练员以"看"和"说"为主要方法，指导运动员训练。现在跳水运动员越来越趋向小年龄，他们的抽象思维和理解能力也未达到成人水平，在训练中不仅自身不能精确地体会和辨别动作的细微变化，而且对教练员的语言诱导也不能准确地理解。原来该阶段的训练普遍以"量"的堆积为主，这显然不符合小年龄的科学训练的规律，也可能对小队员身体造成损伤。而运用了这个跳水视频分析软件之后，教练的指导更具有精确性和针对性。

教练员在跳水技术训练手段上的更新换代说明了什么哲学道理？

谈谈你对发展概念的理解。

唯物辩证法从事物的前进性和方向性出发理解发展。

第一，发展不是一般的运动，而是前进性的运动。发展也是一种运动，但并不是所有运动都是发展。发展不是同一事物的简单重复，不是事物单纯数量的变化，也不是单纯场所的变更，更不是向后倒退的变化，而是事物运动过程中前进性的变化和过程。

第二，发展不是一般的运动，而是上升的运动。发展揭示了物质世界运动的总趋势、总方向。

第三，发展的实质就在于新事物的产生和旧事物的灭亡。所谓新事物是指符合发展的前进方向、具有远大前途的事物，与此相反，旧事物是指历史发展过程中丧失了存在的必然性，从而日趋灭亡的事物。

现代科技成果使运动器材和设施不断地由新事物代替旧事物，如斯太洛泡沫塑料包（海绵包）取代了沙坑和木屑坑，使运动员几乎用身体的任何部位触地都不再发生危险；20世纪60年代初玻璃纤维竿的使用和70年代碳纤维复合竿的问世，使撑竿跳高的运动成绩不断提高，现已突破6米大关；60年代末出现的塑胶跑道，不仅消除了运动员在煤渣跑道上蹬地时容易发生的轻微滑动，而且因其带有弹性对提高运动成绩有一定作用；人工草皮的问世使足球运动有了广泛开展的可能……随着社会经济和科技的发展，更新的事物还会不断涌现，又会淘汰旧事物，例如人们发现塑胶跑道的弹性会损伤运动员的阿基里斯脚踵，塑胶跑道虽然先进，但毕竟是化学原料制成的，而这些化学原料难免对身体有害，尤其是对年幼的学生；人工草皮球场容易造成橄榄球运动员膝关节和踝关节的严重损伤；橄榄球运动员坚硬的头盔虽然可以起防护作用，但也经常被用作攻击对手的武器；等等。总之新的事物会不断向前发展，不断向更高层次上升。上述事例中当跳水运动员完成一次比较完美的跳水，可以立即看到自己的动作视频，然后按照这次的感觉去练，这样将有助于强化其大脑中对于刚刚完成的这个动作的记忆痕迹，几次训练后便能形成一个良好循环，有利于其迅速掌握动作技术要领。而如果动作完成得不理想，根据软件分析的结果，教练员会马上明确告诉运动员是空中动作做得不好还是入水姿势不对，以削弱运动员脑中的记忆痕迹，达到及时纠正错误的目的。教练员如果想要创新动作，不必先让跳水运动员"亲力亲为"冒险尝试，可由计算机进行"沙盘推演"，算出完成动作需要的力量、角度、高度、时间等参数，运动员就能心中有数并"量力而为"了。教练员从以"看"和"说"为主要指导训练的方法到运用动作图像的分析监控系统，再到运用跳水视频分析软件，使得主观判断和客观实际一次比一次更接近，指导更精准，效率更高。如果没有这种发展，就不会有生生不息的人类社会，也不会有日新月异的现代体育。

# 二、用发展的观点看体育生活

## | 情境导入 |

"十三五"时期我国体育发展取得显著成就。《体育强国建设建设纲要》《关于促进全民健身和体育消费　推动体育产业高质量发展的意见》等政策文件相继发布，"放管服"改革持续深化。2020年底，我国人均体育场地面积达到2.2平方米，每千人拥有社会体育指导员数超过1.86名，经常参加体育锻炼人数比例达到37.2%。竞技体育成绩斐然，我国运动员共获得586个世界冠军，创、超世界纪录75次，里约2016年奥运会中国体育代表团获得26金18银26铜，东京2020年奥运会获得38金32银18铜，连续6届奥运会跻身金牌榜前3名；北京2022年冬奥会筹办和备战工作扎实推进，群众性冰雪运动蓬勃开展。

"十四五"时期，我国体育发展仍然处于重要战略机遇期，但机遇和挑战都有新的变化。2035年建成体育强国的远景目标鼓舞人心，体育在迈向全面建成社会主义现代化强国新征程中的地位更加凸显。构建以国内大循环为主体、国内国际双循环相互促进的新发展格局以及对高质量发展和高品质生活的追求，将为体育事业提供更有利的发展环境；全面建设文化强国、教育强国、人才强国、体育强国和健康中国，将为体育发展提供更有力的政策支持；创新驱动战略引领的科技革命，将为体育发展提供更强大的科技支撑；新的生活理念、教育观念、消费模式、技术应用、传播方式以及乡村振兴、新型城镇化战略的实施，将为体育事业拓展更广阔的发展空间。

——2021年10月25日由国家体育总局发布实施的《体育发展"十四五"规划》

尽管遭遇新冠肺炎疫情，全球体育秩序和赛事格局受到严重影响，体育政治化倾向重新抬头，同时，国内体育发展不平衡不充分问题依然突出，但"十四五"时期，面对中华民族伟大复兴战略全局和世界百年未有之大变局，体育正立足新发展阶段，贯彻新发展理念，构建新发展格局，统筹发展与安全，增强机遇意识和风险意识，在危机中育先机，于变局中开新局。总之，我国正开启全面迈向社会主义现代化体育强国的新征程。

## （一）事物发展的前途是光明的

这是由新旧事物的本质特点和事物发展的辩证本性决定的。因为新事物是符合客观规律，具有强大生命力和远大发展前途的事物；它克服了旧事物中消极的、过时的和腐朽的东西，吸取了旧事物中积极的、合理的因素，并增添了为旧事物所不能容纳的新内容；社会领域内的新事物能够得到人民群众的支持和拥护。因而新事物必然战胜旧事物，前途是光明的。新生事物是不可战胜的。

当然，判断事物是新事物还是旧事物不能根据它在时间上出现的先后顺序，新事物是新产生的事物，但并不等于新产生的都是新事物。此外，也不能以事物一时力量的强弱、速度的快慢、是否成熟和完善来判断新、旧事物；更不能根据形式、名称是否新奇来判断新、旧事物。判断新、旧事物的根本标准是看其是否同事物发展的必然趋势相符合，有没有强大的生命力和远大的发展前途。1976年蒙特利尔奥运会的高额债务、1980年莫斯科奥运会的高额支出导致了1984年奥运会申办的遇冷；2004年雅典奥运会总支出再次刷出历史新高，达到预算的2倍之多（预算46亿美元，实际支出116亿美元），被称为史上"昂贵的奥运会"，这带来的是财政赤字的迅速升高，达到了国内生产总值的3%以上，突破了欧盟《稳定与增长公约》的上限，金融危机时期希腊的濒临破产多少有些受奥运过度预支的影响。世界最具影响力的奥运会规模越办越大，档次越来越豪华，开支不断膨胀，这引起有识之士的反思，高额的债务和支出影响了奥运会赛事的可持续发展，因此并不是说新一届的奥运会所有新出现的现象都是新生事物。2012年的伦敦奥运会，为我们呈现了一届"史上最节俭"的奥运会。节俭已经或正在成为国际赛事举办的潮流，全运会是中国国内水平最高、规模最大的综合性运动会。全运会的比赛项目除武术外基本与奥运会相同，其原意是为国家的奥运战略锻炼新人、选拔人才，处在世界发展的大潮中，全运会也应顺应潮流，厉行节俭，这是关系赛事可持续发展的问题。

| 经典案例 |

　　全国政协常委赵龙建言全运会改革，认为与奥运会赛程历时十几天相比，全运会赛程过于漫长。在山东举行的第十一届全运会设33个大项、362个小项，超过北京奥运会的28个大项、302个小项；决赛的赛程超过半年，开幕式前已结束了104个小项的比赛。以马术比赛为例，由于参赛马匹动辄上千万元的成本，马术比赛在我国既缺乏广泛的群众基础，也不具备项目优势和文化积淀，参赛队伍不多，却要因此建设高规格的马术比赛场地，资源闲置和浪费现象严重。

　　●全运会为什么要瘦身和改革？

　　●新生事物的发展会不会一帆风顺？为什么？

## （二）事物发展的道路是曲折的

| 名人名言 |

　　设想世界历史会一帆风顺、按部就班地向前发展，不会有时出现大幅度的跃退，那是不辩证的，不科学的，在理论上是不正确的。

——列宁

在2010年全国两会上，全国政协常委、民建中央常委赵龙在他提交的《关于加快推进全运会体制改革的若干建议》中，历数全运会的三大弊病——赛事规模过大，项目设置缺乏科学性；资金投入过大，比赛场馆赛后利用率不高；地方体育官员政绩压力过大，比赛的社会公信力不足。同时，他呼吁对全运会进行全面改革。从十运会柔道赛场上的"假摔"事件到十一运会跳水比赛的"金牌内定"说，以及屡禁不止的滥用兴奋剂行为，近几届全运会频繁曝出负面新闻，赛场歪风愈演愈烈。任何事物的发展，总要经历一个由小到大、由不完善到比较完善的过程。新事物的成长也是这样，它在最初出现的时候总是比较弱小，总是难免有这样那样的缺陷，而旧事物则往往比较强大，显得合乎"常规"。并且，在社会现象中，由于新、旧事物的利害冲突和旧事物对新事物的抵抗，从而使新事物的成长必然要经历一个曲折的过程。

### | 相关链接 |

第12届全运会在沈阳拉开大幕，对于本届全运会中央首次做出了特别的规定，习近平主席做了亲笔批示，要求：提倡简朴、厉行节约，不能过度追求奢华；要对全运会各项活动进行改造改革，开闭幕式不放烟火，不搞大型文艺演出，团体操表演要降低规格；招待工作及论坛活动都要改造改革，力求简约、实效。总之，就是要把本次全运会办成一个开创性的运动会、节俭型的运动会。节俭与改革全运会的举办方式既是中央的要求，更是百姓的诉求，是全运会可持续发展的需要。

事物发展的方向是前进的、上升的，事物前进的道路是曲折的、迂回的。因此，我们既要看到前途是光明的，对未来充满信心，积极鼓励、热情支持和悉心保护新事物的幼芽，促使其成长壮大，又要做好充分的思想准备，不断克服前进道路上的各种困难和挑战，勇于改革，促使事物朝着社会发展的必然趋势发展。对于运动员来说，没有天生的冠军，没有常胜将军，每个人的成长也不是一帆风顺的。2013年，林丹荣膺 CCTV 体坛风云人物最佳男运动员奖，但他的体育人生并不是一帆风顺的：2004年雅典奥运会惨遭首轮出局，2006年多哈亚运会单打输给陶菲克，2007年苏迪曼杯败给李宗伟。大公体育杨华评价孙杨是我国体育史迄今为止，唯一在国际主流项目达到孤独求败境界（他的800自、1500自统治力无与伦比）的运动员，但是在里约奥运会上孙杨与400米自由泳的金牌失之交臂，赛后记者采访时他说："失败的感觉当然难受，但胜败乃兵家常事，伟大的事业不可能永远一帆风顺，而游泳就是我的事业，我必须承受作为一名运动员必须承受的一切。"这些年来，我们见证了孙杨的发展，包容了他成长中的不足，更振奋于他的奇迹，感怀于他的不断成熟和作为一名体育明星的正能量。同样，每个人的生活不可能一马平川，它既有晴空亦有风雨，哪怕你走在平坦开阔的大道上，也会偶尔拐进弯路，走进泥泞不堪的小道。

## （三）做好量变的准备，促成事物的质变

**｜名人名言｜**

　　合抱之木，生于毫末；九层之台，起于累土；千里之行，始于足下。

——老子

任何事物都有数量和质量两个方面。量变是指事物数量的增减和场所的变更，是一种渐进的、不显著的变化。质变是指事物根本性质的变

化，是事物由一种质态向另一种质态的飞跃，是一种根本的、显著的变化。

| **相关链接** |

　　在运动训练中，动作技能的形成一般有三个阶段：粗略掌握动作阶段；改进和提高动作阶段；动作的巩固与运用自如阶段。事物的发展是由量积累而来的，不是一下形成的。运动员的练习过程是从理解动作结构外在联系开始，到建立正确的动作表象和概念，进而粗略地掌握动作，这是一个量变的过程。改进动作，就是把那些牵强、紧张和错误的动作消除掉，使运动员进一步确立正确的动作表象和概念，进而掌握正确的动作技术。提高动作，主要是通过运动量合理增加，并使这些量变不断积累，直到理解了动作技能结构的内在联系，掌握动作结构内部之间的联系和规律性，以提高动作质量，建立其动力定型，达到质的飞跃。巩固动作就是在原有质变的条件下，通过练习时运动量的合理增加，尤其是强度的合理增加，这是质变中量的扩张的表现形式。动作运用自如是使运动员能准确、省力、熟练、轻快地完成动作，并能在各种多变的条件下，完整、连贯、自如地完成动作，这也是质变中量的扩张的表现形式。

　　第一，事物的发展总是从量变开始的，量变是质变的必要准备，任何质变的发生都不是偶然的，也不是凭空出现的。客观事物的变化和发展是一个实实在在的过程。而这个过程要从量变开始，以量变为基础，没有量的必要积累，就不可能有质的变化。

事物由量变引起质变，一般表现为以下两种情况。一种是事物在数量上的增减，即事物在大小、速度、程度和规模等方面的变化能够引起质变。另一种情况是事物在总体上数量不变，只是由于构成事物的成分在结构和排列次序上发生了变化，而引起质变。比如球类比赛中教练排兵布局的谋略、鼓舞士气的能力等会影响比赛的结局。

第二，质变是量变的必然结果，事物的量变达到一定程度时，又必然会引起质变。事物的发展最终是通过质变实现的，没有质变就没有发展，如果事物仅仅停留在量变阶段，那还只是同质事物的重复或增减，事物的根本性质并没有发生变化，发展也无从实现，只有质变才是事物根本性质的变化，才能使新事物代替旧事物。单纯的量变不会永远地持续下去，量变达到一定程度必然会引起质变。

第三，一次量变到质变的过程并不等于事物发展变化的终结，质变又为新的量变开辟道路，使事物在新质的基础上开始新的量变。事物的发展就是这样由量变到质变，又在新质的基础上开始新的量变，如此循环往复，不断前进。

| 经典案例 |

一位世界马拉松冠军在谈到冠军的经验时说，自己事先考察了马拉松的全部路程，并以沿途有特征的建筑作为标志，把全程分为几段，一个建筑就是自己的一个目标，一段路途的完成，就是一个希望的实现。这样，漫长的马拉松全程就变成了实现他的一个个希望的愉快之旅。

## （四）用质量互变原理看问题

### 1. 要重视量的积累

一切事物的变化发展都是从量变开始的，量变到一定程度必然会引起质变。因此，无论是带着光环的明星运动员，还是新生代运动员，都要把以往取得的一切成绩归零，脚踏实地，刻苦训练，积极做好量的积累，为实现新的突破创造条件。

重视量的变化，还要学会"优化结构"，构成事物的成分在结构和排列次序上的变化，可以引起质变。因此，我们应重视优化结构，比如在比赛过程中，队员个体和人数都不变，通过对队员的"优化"安排，也会改变比赛结局，最经典的例子就是"田忌赛马"。

**| 相关链接 |**

> 战国时期齐威王与大臣田忌赛马。两人各出上、中、下三匹马，首赛结果，田忌三战三败，军事家孙膑看到田忌的马跑得比齐威王的马只慢一点儿，便给田忌出了一个主意：以下马对齐威王的上马，以上马对齐威王的中马，以中马对齐威王的下马。再赛的结果，一负二胜，田忌赢了。同样的马匹，由于排列组合不同，使比赛转败为胜。

### 2. 坚持适度的原则

当我们需要保持事物性质的稳定时，就一定要把事物的量变控制在一定的限度之内，做事情要注意分寸，掌握火候，坚持适度的原则。列宁指出："只要再多走一小步，看来像是朝一个方向多走一小步，真理就会变成错误。"

3. 抓住时机，促成质变

在量变已经达到一定程度，只有改变事物的性质才能向前发展时，要果断地抓住时机，促成质变，实现事物的飞跃和发展。

| 拓展阅读 |

3月18日，2018年羽毛球全英赛展开了冠军争夺战，国羽混双组合郑思维/黄雅琼对阵日本组合渡边勇大/东野有纱。经过62分钟的激战，郑思维/黄雅琼1：2（21：15、20：22、16：21）被渡边勇大/东野有纱逆转，痛失冠军。非常可惜，郑思维/黄雅琼没有能够稳住阵脚，拿下混双这枚金牌。郑思维/黄雅琼今天的比赛，没有能够在关键分抓住机会，在落后时显示放不开导致失误更多。而日本组合渡边勇大/东野有纱组合打得非常积极主动，能够很巧妙地针对对手的情况改变自己的战术，为此，日本混双组合也打破了全英赛混双项目零金牌的记录，首次夺冠，实现了质的飞跃。

2018年世界羽毛球锦标赛在南京落下帷幕，郑思维/黄雅琼组合以21：17、21：19力克队友王懿律/黄东萍，获得了2018世界羽毛球锦标赛的混双冠军。赛后郑思维没有舍得摘下在颁奖仪式上得到的花环桂冠，带着它参加了赛后新闻发布会。"这不仅是我们组合的第一个世界冠军，也是我个人的第一个世界冠军，在球落地时我的脑袋还是比较懵的，跪倒在地时不敢相信这些都是真的。"郑思维对记者说。他表示赛前教练、球迷就对自己这对搭档期望很高，这次能够在主场拿下冠军，也证明了两个人的抗压能力。"之前很多次都没有把握住机会，如果拿今年和去年相比的话，相信大家能够看到我的进步。"

在2018年雅加达亚运会羽毛球混双比赛决赛中，郑思维／黄雅琼完全压制对手，以21比8、21比15直落两局战胜中国香港的邓俊文／谢影雪轻松夺冠，这是他们继世锦赛后再夺亚运会冠军。

不论是一个人还是一个国家，只有善于抓住机遇，才能赢得主动；只有努力赢得优势，才能加快发展。任何揠苗助长、急于求成或优柔寡断、缺乏信心，都是不可取的。

| 阅读与思考 |

### 女神的跆拳道之路也不是一帆风顺的！

吴静钰

人生从来没有哪一条路是平坦的，我的跆拳道之路也不是一帆风顺的。

#### 一、初入国家队，比赛接连失利

初入国家队训练的日子里，我很不适应，离开了近5年朝夕相处的教练王志杰和队友们，孤身一人来到北京的我感觉到周围的一切都如此陌生。

第一次代表国家队出战，我的内心激动无比、斗志昂扬，非常渴望能在大赛中取得优异的成绩来证明自己。可没想到，我在国家队的第一场比赛，却是以失利而告终，这个结果也让我身边的人大跌眼镜。这次失利，与其说是实力问题，倒不如说是当年的我为年轻气盛付出的代价。

我自接触跆拳道以来成绩一直不错，过于看重比赛的结果，一方面极度渴望胜利，另一方面又极度害怕失败，心理包袱重，越来越大的压力体现在了比赛中。澳门东亚运动会首轮被淘汰，之后的两项国际大赛我又都只拿到了亚军，在决赛中连续两次击败我的是同一个对手，来自泰国的跆拳道名将姚瓦帕。

　　我对自己说，无论多么沮丧，千万不要消沉下去。想要战胜对手，只有先战胜自己。

　　**二、人之所以优秀，有时候是因为有同样优秀的对手**

　　大赛的连续失利，让我开始冷静下来审视自己，地方队的王志杰教练也帮助我对比赛的失利做了中肯的分析总结，找到了失败的原因，我们师徒二人一起研究，寻找反败为胜的对策。人之所以优秀，有时候是因为有同样优秀的对手，对手就是老师。杨淑君和姚瓦帕成为我的两名重点备战对象，很快我在赛场上复仇的机会就来了。

　　2006年12月7日，在多哈亚运会跆拳道女子47公斤级的决赛场上，我与台北的杨淑君重逢，这一次我以2比1的比分击败了她，拿到了金牌，这是中国跆拳道队有史以来拿到的第一块亚运会金牌。对我而言，在连续的大赛失利后，这次胜利无疑是给我的自信心打了一针强心剂，通过这块金牌我成功地证明了自己，也提高了士气。

　　当国歌在赛场上奏响的那一刻，站在领奖台上的我哭了，这一战帮我甩掉了困扰自己一年多的迷惘和自我怀疑，毫不夸张地说，这次胜利是我运动生涯的转折点，久踞心中多年的苦闷终于烟消云散了。

接下来，2007年5月18日在北京举行的跆拳道世锦赛49公斤决赛中，我遇到老对手姚瓦帕，这回我作为东道主，完成了一次完美的逆袭。开场刚不到10秒，我就利用劈头击中对手头部得到两分，之后比赛的节奏一直在我的掌控下进行，第二局还剩下41秒的时候，姚瓦帕的教练扔毛巾以示投降。5比0，我获得了属于自己的第一个世锦赛冠军金牌。这一段时间，我不仅战胜了自己的对手们，还找到了属于自己的最佳竞技状态。

### 三、目光投向2008年的北京奥运会

北京时间2008年7月25日上午9时，北京奥运会中国代表团正式成立，代表团共由1099名人员组成，其中运动员639人，其规模远超以往历届中国代表团。中国跆拳道队参赛名单也正式出炉，我和陈中还有男选手刘哮波、朱国四人入选。

多年后谈及自己参加北京奥运会，我是这样说的："说实话，我那时还挺懵懂的，也不太懂得如何去争取奥运会的参赛资格，要怎样做才能参加奥运会。可是我特别执着和努力，作为一名运动员，能够参加奥运会是我心中的一个特别大的梦想，尤其是在自己祖国举办的奥运会，更是一次证明自己和为国争光的好机会。只要有一点点希望我就要去努力、去拼，所以我就想着全力以赴地做好每一件事情，把亚运会打好、把亚锦赛打好，然后把世锦赛也拿下。最后的结果其实出乎我的意料，世锦赛结束以后，领导们开会讨论决定出战北京奥运会的阵容，当时我并不知道自己有多大希望，陈中和罗微都是我的

师姐，在队伍中的资历和经验都比我老，我特别感谢领导们能够看见我的努力，也相信我的实力，给予了我这次机会。"

### 四、努力没白费

属于我的战场在8月20日到来，那一天是奥运会的第12个比赛日。我在当天下午一举击败了泰国名将布特蕾·贝德蓬，为中国奥运代表团拿下了第45枚金牌，那也是中国跆拳道队奥运会史上的第5金，更是中国跆拳道第一块奥运会女子小级别金牌。

夺冠以后的那种激动，我难以言表。我记得自己流泪、欢呼、尖叫、又蹦又跳的，我紧紧地拥抱着教练，这一场胜利，证明了我们的努力没有白费。我举着一面五星红旗在场地外跑来跑去，胸膛里满是身为中国人的自豪。当我最终站在领奖台上的那一刻，听到国歌在奥运赛场上为自己奏响时，泪水再一次模糊了我的双眼，我咬着那块别致的"金镶玉"，内心无比幸福。

——http://sports.eastday.com/a/171012002249993195499
-2.html，东方体育，2017-10-12

1.2016年多哈亚运会上夺冠为什么是"我"运动生涯的转折点？
2.女神的跆拳道之路为什么也不是一帆风顺的？

# 第七章　唯物辩证法的实质与核心

## 一、矛盾是事物发展的源泉和动力

**| 情境导入 |**

在足球比赛中，两支球队的全部活动，总是围绕着进攻与防守展开。当一方处于进攻状态时，另一方就处于防守的状态；当进攻方的攻势被破坏时，另一方就会转入反攻的状态。对于任何一场比赛而言，其激烈的对抗和精彩的过程往往就在于双方的攻防转换之中；对于任何一支球队而言，在比赛中，既是进攻方，也是防守方；对于任何一个球员来说，既是进攻者，也是防守者。

上述评论包含了什么哲学道理？足球比赛中的"进攻"与"防守"，构成了什么关系呢？

### （一）矛盾的同一性和斗争性

中国古代的成语典故中，有许多蕴含了丰富的"矛盾"思想，如相反相成、相生相克，"置之死地而后生"，"福兮祸之所伏，祸兮福之所倚"……世间万物都蕴含着既相互对立又相互统一的两个方面。矛盾就是反映事物内部对立统一关系的哲学范畴。简而言之，矛盾即是对立统一。构成矛盾的双方总是既斗争（或对立）又统一（或同一），对立性和同一性是矛盾的两种基本属性。用中国哲学的智慧来说，矛盾既是"一分为二"，也是"合二为一"。

### |名人名言|

相反的东西结合在一起，不同的音调造成最美的和谐。

——赫拉克里特

1. 矛盾的同一性

矛盾的同一性是矛盾双方相互吸引、相互联结的属性和趋势，它有两个方面的含义：一是矛盾双方相互依赖，一方的存在以另一方的存在为前提，双方共处于一个统一体中；二是矛盾双方相互贯通，即相互渗透、相互包含，在一定条件下可以相互转化。体育运动不仅充满魅力，也能让我们体验到哲学的奥秘。在篮球运动中，攻和守对立统一，是一个问题的两个方面。它们相互依存、相互影响，在整个比赛过程中处处体现着"攻中有守，守中有攻"，两者的对抗和交替始终贯穿于其中，失去其中任何的一方，另一方就不能存在。随着篮球运动竞技水平的发展和提高，有关攻和守的技术、战术不断更新和完善，也越来越复杂、多变。但是，攻守矛盾在篮球运动中始终是客观存在的，每场篮球比赛都是由一次次攻和守的相互交替、相互对抗所组成的。

2. 矛盾的斗争性

矛盾的斗争性是指矛盾双方相互排斥、相互对立的属性，它体现着对立的双方相互分离的倾向和趋势。比如球类比赛中的进攻与防守、技术与战术、速度与节奏、个人与整体、高个与矮个、偶然与必然、胜利与失败等都是相互对立、相互矛盾着的统一体。哲学上所说的"斗争性"与日常生活的"斗争",既有联系又有区别,日常生活所说的"斗争",仅仅是哲学斗争性的一种具体形式,它们是个性和共性的关系。

## | 相关链接 |

阴阳的概念,源自古代中国的自然观。古人观察到自然界中各种对立又相连的现象,如天地、日月、昼夜、寒暑、男女、上下等,以哲学抽象的思维方式,就归纳出"阴阳"的概念,提出了"一阴一阳之谓道"的重要思想。"阴阳"的概念渗透在中国传统文化的方方面面。

中医学发展出以人体阴阳虚盛为判断疾病与治疗方向的指标。人体不同的部位、组织,以至不同的生理活动,都可划分为阴阳两类,如:背为阳,腹为阴;外为阳,内为阴;上为阳,下为阴;动为阳,静为阴;流动性佳为阳,流动性差为阴;气、力与精神为阳,血、体液与温度为阴。按照同样的道理,身体每一经络系统都分为阴与阳,不同的病症类型亦可按阴阳划分,故有同病不同治的说法,就是因其"阴阳消长"不同而来。阴阳既相互对立统一又能相互转化。

矛盾的同一性是相对的,而斗争性是绝对的。同一性以差别和对立为前提,没有斗争性,就没有矛盾双方的相互依存和相互贯通,事物就不能存在和发展。斗争性寓于同一性之中,并为同一性所制约,没有同一性,就没有矛盾统一体的存在,事物同样不能存在和发展。虽然体育比赛中实力强者略胜一筹是必然的，但是弱者战胜强者的偶然性也屡屡发生，这就让体育比赛充满未知和神秘感。例如，2002世界杯韩国队获得第四名，韩国队相继战胜了各支欧洲强队，这是以弱胜强的经典战事。还有2004年的欧洲杯赛，不被看好的希腊队却取得了冠军，让球迷为之疯狂。矛盾双方既对立又统一，由此推动事物的运动、变化和发展。

**| 拓展阅读 |**

　　围棋泰斗吴清源在《中的精神》一书中表示：阴阳的最高境界是阴和阳的中和，所以围棋的目标也应该是中和。只有发挥出棋盘上所有棋子的效率的那一手才是最佳的一手，那就是中和的意思。这就是他著名的"六合之棋"之说。"另一方面，即使是人生，也需要考虑技术和人生中的中和，我所走过的道路，应该可以说是追求中和的人生吧。"

　　——《棋局如人生，他一生都在探索人为什么活？》，载于《钱江晚报》2014年12月2日第A5版

## （二）矛盾的普遍性和特殊性

### 1.矛盾的普遍性

矛盾的普遍性是指矛盾存在于一切事物中，即事事有矛盾；矛盾贯穿于事物发展过程的始终，即时时有矛盾。

**| 名人名言 |**

　　一切事物中包含的矛盾方面的相互依赖和相互斗争，决定

一切事物的生命，推动一切事物的发展。没有什么事物是不包含矛盾的，没有矛盾就没有世界。

——毛泽东

　　足球比赛分为不同的阵型，阵型是指为了适应攻守战术的需要，全队队员在场上的位置排列和职责分工。各阵型的名称是按队员排列的形状而定的。从1963年到现在的足球运动发展史，在一定程度上也是一部防守发展史。阵型演变从"9锋1卫"开始，到"7锋3卫"再到后来的WM、424、433、442或352阵型，以及某些国家所采用的"水泥式""锁链式"等，不难看出，足球运动越是向前发展，比赛越是激烈，双方对防守的重视程度也就越高。可见足球运动中时时有着攻守矛盾。

| 经典案例 |

　　下面是篮球比赛和足球比赛的不同阵型，球队的教练每一次排兵布阵，都要根据场上形势的变化，及时做出调整。

　　●你知道世界上主要的球队，比如巴西队、德国队一般采用什么阵型吗？

　　●一支球队面对不同的对手，其阵型也不是一成不变的，教练的排兵布阵，既要考虑球队自身的实际情况，也要分析对手的特点，这其中有什么哲学道理？

### 2. 矛盾的特殊性

矛盾的特殊性是指矛盾着的事物及其每一个侧面各有其特点。它主要有三种情形：一是不同事物有不同的矛盾，这些不同的矛盾构成了一事物区别于他事物的特殊本质；二是同一事物在发展的不同阶段上有不同的矛盾；三是同一事物中的不同矛盾、同一矛盾的两个不同方面也各有其特殊性。

| 阅读拓展 |

德国哲学家莱布尼茨在谈到"相异律"时说，"天地间没有两片完全相同的树叶"，但在讲"同一律"时，又称"天地间没有两片完全不同的树叶"。其实我们在观看比赛的时候，也会有这样的感受，比如足球比赛，我们一方面期待每一场比赛都精彩、激烈，又总是希望每一场比赛和已往的所有比赛有不一样的地方。有位球迷说："如果所有的比赛都是完全一样的，那么也就不存在我们对四年一届的世界杯的期待了。"

这位球迷的感言，是不是也很有哲学的味道？

矛盾的普遍性和特殊性的关系，也就是矛盾的共性与个性、一般与个别的关系。

矛盾的普遍性和特殊性相互联结。一方面，普遍性寓于特殊性之中，并通过特殊性表现出来，没有特殊性就没有普遍性；另一方面，特殊性也离不开普遍性。世界上的事物无论怎样特殊，它总是在特殊性中包含着普遍性，不包含普遍性的事物是没有的。

由于事物范围的极其广大和发展的无限性，在一定场合为普遍性的东西，在另一场合则是特殊性。反之，在一定场合是特殊性的东西，在另一场合则是普遍性。

矛盾的普遍性和特殊性辩证关系原理，是关于事物矛盾问题的精髓，是马克思主义基本原理和中国具体实际相结合的哲学基础，对于我们深刻理解和领会习近平新时代中国特色社会主义体育思想具有重要的指导意义。

# 二、用对立统一的观点看问题

| 情景导入 |

在体育运动的集体项目比赛中，往往需要一个核心人物，无论是足球、篮球、排球，乃至于羽毛球、乒乓球，球星的作用至为关键，他在比赛过程中发挥的水准，决定着最终胜负。在任何一个团队中，这样的人物都是引人瞩目的焦点。

这里的"核心""关键""焦点"，其哲学依据是什么？

在你参加的运动项目中，是否也存在这样的现象？其中有什么哲学道理呢？

## （一）坚持两点论和重点论相统一

### | 名人名言 |

不能把过程中所有的矛盾都平均对待，必须把它们区别为主要的和次要的两类，着重于抓住主要矛盾。

——毛泽东

在复杂事物的发展过程中，存在着许多矛盾，其中必有一种矛盾，它的存在和发展，决定着其他矛盾的存在和发展。这种在事物发展过程中处于支配地位、对事物发展起决定作用的矛盾就是主要矛盾。其他处于从属地位、对事物发展不起决定作用的矛盾则是次要矛盾。主要矛盾和次要矛盾相互依赖、相互影响，并在一定的条件下相互转化。

### | 经典案例 |

在足球比赛中，一般可以分为两种基本阵型，一种是进攻型，如4-3-3，另一种是侧重于防守的，如4-4-2，在世界杯传统的强队中，巴西队、阿根廷队是擅长进攻的，而意大利队、德国队是比较重视防守的，当然，也有的球队可能在进攻和防守上比较均衡，但是具体到某一场比赛，还是会有所侧重。

你一般会依据什么标准来界定"进攻型"和"防守型"球队呢？

从哲学上说，如果我们把"进攻"和"防守"看作一对矛盾，那么这对矛盾的双方是否也有主次之分？

不论是主要矛盾还是次要矛盾，每一矛盾中的两个方面的力量都是不均衡的。其中，必有一方处于支配地位，起着主导作用，而另一方则处于被支配地位。前者是矛盾的主要方面，后者是矛盾的次要方面。事物的性质主要是由主要矛盾的主要方面决定的。矛盾的主要方面和次要方面既相互依赖，又相互排斥，并在一定的条件下相互转化。

主要矛盾和次要矛盾，矛盾的主要方面和次要方面辩证关系原理要求我们，要坚持两点论和重点论相统一的方法。坚持两点论，就是在认识复杂事物的发展过程时，既要看到主要矛盾，又要看到次要矛盾；在认识某一矛盾时，既要看到矛盾的主要方面，又要看到矛盾的次要方面。坚持重点论，就是在认识复杂事物发展过程时，要着重把握主要矛盾；在认识某一矛盾时要着重把握矛盾的主要方面，要善于抓住主流。辩证法的两点论是有重点的两点，而不是均衡论；重点论是基于两点中的重点，而不是一点论。

## （二）坚持对具体问题具体分析

| 经典案例 |

同样是球类比赛，足球运动和篮球运动无论在场地、人数、规制，以及对抗的激烈程度上都是不一样的；同样的棋类比赛，国际象棋与中国象棋，中国象棋与围棋，其中的道道都很不一样；作为运动员，有的适合搞田径，有的天生善游泳，有的痴迷下围棋，有的喜欢下象棋。这样的不同，正是我们生活世界的常态。

从哲学上说，这种"不同"是指什么？

你能否将自己所理解的"生活世界的常态"，用哲学的话来表述？

| 名人名言 |

不同质的矛盾，只有用不同的方法才能解决。

离开了具体的分析，就不能认识任何矛盾的特殊性，我们必须时刻记得列宁的话：对于具体的事物作具体的分析。

——毛泽东

具体问题具体分析，是指在矛盾普遍性原理的指导下，具体分析矛盾的特殊性，并找出解决矛盾的正确方法。具体问题具体分析是马克思主义的一个重要原则，是马克思主义的活的灵魂。

具体问题具体分析是我们正确认识事物的基础。世界上的一切事物之所以千差万别，这个世界之所以呈现为多姿多彩，就是因为各种事物内部矛盾的特殊性，这种特殊性规定了一事物区别于他事物的特殊本质。只有从实际出发，具体分析矛盾的特殊性，才能把不同质的事物区别开来。离开了对矛盾特殊性的具体分析，就无法区分事物，就不能正确认识事物。

一个优秀的运动员，一定是善于思考，善于分析自己对手的人。即使自己有过硬的实力，也并不意味着在比赛场上就有绝对的优势。因为每一场比赛，总是要面对不同的对手、不同的环境，所谓知己知彼，才能百战不殆。体育的运动项目很多，不同的运动项目对人的心理特征的要求是有差异的。如球类项目属于兴奋型、活泼型、灵活型，体操、举重、射击项目属于稳定型，棋类项目属于安静型。因此，对运动人才的各方面要求也不尽相同。比如篮球、排球等运动项目对身高要求高，而体操等项目又偏重身体轻盈、灵活和身高低些。田径中的投掷项目则要求身体高大、灵活、体重大，跳高运动员要求身高、纤细、弹跳和爆发力好。不同的运动项目，对运动员有着特殊的身体要求。因此，运动员的目标定位，要因人而定，这样才有利于实现运动成才目标。

　　具体问题具体分析是正确解决问题的关键。认识世界，就是要认识各种矛盾，认识矛盾的目的是为了寻找解决矛盾的科学方法。事物的矛盾各不相同，决定了我们解决矛盾的方法也不同。只有对具体问题做具体分析，把握事物矛盾的不同特质，才能找到解决矛盾的正确方法。我们日常所说的"对症下药""量体裁衣""因地制宜""一把钥匙开一把锁"，就是指针对不同的问题，采取不同的解决方法。教练员任何一种训练方法也都不是一成不变地适用于任何运动员或任何运动队，所谓的包打天下的训练良方，它可能对某位运动员（或某个运动队）有效，而对另一位运动员（或运动队）则不仅无效，甚至还会起副作用。因此，一位优秀的教练员一定是认真探索自己的道路的，正是这种探索精神不断促进着运动训练原则和方法的发展与完善。

## | 相关链接 |

### 你关注过足球运动员进球后的庆贺方式吗？

　　进球后的庆贺方式是球员个性的一个集中体现，比如球王马拉多纳，他的庆贺方式也算得上有王者风范——单举右手在空中转一圈后仰面倒在草地上，等待队友和观众来祝贺——一种充分的自信，甚至带着自满、自得和自大。

**| 阅读与思考 |**

一场激烈的、充满对抗的足球比赛，除了让我们感受到足球运动本身的精彩和魅力之外，也蕴含了深刻的哲学道理。

有人认为，足球运动需要充分发挥团队的协作精神，在一传一递之中，在进攻与防守的转换之间，队员之间的默契配合是保证比赛能够取胜的关键；也有人认为，每一场比赛，真正吸引我们的是在球场上耀眼的球星，一个球星在比赛中所发挥的作用，是无法取代的，也是决定一场比赛的关键。

1. 你赞成哪一种观点？

2. 如果围绕上述两种观点开展一场辩论比赛，请结合所学的哲学理论，对你所支持一方的论点提出合理的建议。

# 第八章　创新意识与社会进步

## 一、树立创新意识

| 情境导入 |

　　乒乓球运动起源于19世纪后期的英国，最早用的球拍是类似网球拍那样的小型穿线球拍，球是软木和橡胶做的。

　　1890年左右，"赛璐珞"材质制成的乒乓球由美国传入英国，比软木和橡胶球弹性好、重量轻，很快就成为主流。大约又过了十年，人们开始试用木料制作球拍，发现木板球拍控球能力更强，而且成本低、耐用性好，于是开始大量生产。1902年，英国举行了历史上首次乒乓球比赛，一名叫"古德"的运动员将一块带有颗粒的胶皮贴到了球板上，使拍与球之间的摩擦力大大增强，旋转有了显著的提高。古德凭借颗粒胶皮球拍在此次比赛中一举夺冠。

　　到了1951年，奥地利人用泡沫橡胶作为拍面覆盖物，改革创新了海绵球拍。1959年，中国的乒坛名宿张燮林无意间发明了长胶胶皮，在1963年的27届世乒赛团体决赛时，张燮林用长胶的奇特性能连削带扣、刚柔并济，大获全胜。

随着乒乓球运动的发展、反胶的应用、器材的不断革新、底板中的加料以及快速胶水的使用等等，胶皮的摩擦力也不断增强。海绵弹性越来越大，为力量、旋转、速度的提高提供了更有利的条件。

小小乒乓拍，暗藏大乾坤。正是球拍、球等乒乓器材的不断创新，推动了乒乓球技术的不断发展，同时，也让这项运动随着时代的发展焕发出了勃勃生机。

世界是一个永不停息地运动、变化和发展的世界，这是我们基本的世界观。这种世界观要求我们在思维方法上必须坚持以批判的、革命的精神看待这个世界。把握唯物辩证法的革命批判精神和辩证否定观，有助于我们自觉树立创新意识，坚持解放思想、实事求是、与时俱进。2008年北京奥运会结束后，时任国家主席胡锦涛提出"体育改革创新"，2022年北京冬奥会、残奥会总结表彰大会上，习近平主席再次提到了"体育改革创新"，而树立创新意识正是唯物辩证法的要求。

| 名人名言 |

辩证法的特征的和本质的东西并不是单纯的否定，并不是任意的否定……而是作为联系的环节、作为发展的环节的否定，是保持肯定的东西的，即没有任何动摇、没有任何折中的否定。

——列宁

### （一）辩证否定观

正像乒乓球拍有两面一样，任何事物内部都存在着肯定方面和否定方面，它们既对立又统一。最初，肯定方面处于支配地位，否定方面处于被支配地位。在这种情况下，事物就以原来的状态存在着。但是，在矛盾双方的斗争中，否定方面总会由弱变强，一旦否定方面由被支配地位上升为支配地位，事物就转化为自己的对立面，实现了对事物的否定。事物最终之所以被否定，根源在于事物内部，是事物内部的否定因素战胜了肯定因素。因此，辩证的否定，是事物自身的否定，即自己否定自己，自己发展自己。从乒乓球的发展史来看，最初的乒乓球是用软木或橡胶制成的，由于"赛璐珞"材质制成的球比软木和橡胶球弹性好、重量轻，在不长的时间里就迅速取代了橡胶球。同理，由于"赛璐珞"极易燃烧且释放有毒气体，因此赛璐珞乒乓球无法解决运输、环保等问题，近年来又被新型的塑料乒乓球所取代。

辩证的否定是事物发展的环节，是实现新事物产生和促使旧事物灭亡的根本途径。所谓发展，是指新事物的产生和旧事物的灭亡。而实现这一过程必然要对旧事物进行否定，这样才能实现事物由旧质向新质的飞跃。

辩证的否定是事物联系的环节。新事物在否定旧事物时，并不是把旧事物全盘抛弃。旧事物是新事物的母体，新事物从旧事物中脱胎而来，新事物是在批判地继承了旧事物中一切积极的有生命力的因素的基础上发展起来的，这样，在新旧事物之间就存在着必然的联系。

辩证否定的实质是"扬弃"。辩证的否定，既不是简单地肯定一切，也不是简单地否定一切，而是既肯定又否定，既克服又保留，克服的是旧事物中过时的消极的内容，保留的是旧事物中积极合理的因素。

| 名人名言 |

没有否定，人类历史就会变成停滞不动的臭水坑。

——别林斯基

在乒乓球拍的发展过程中，海绵球拍取代木板球拍，并不是对木板球拍的全盘否定，而是继承了木板球拍控球能力好、成本低、耐用性好等诸多优势。从哲学上看，这就是继承了旧事物中积极的合理的因素。同时，海绵球拍取代木板球拍又是一个新事物代替旧事物的过程，由于海绵球拍摩擦力大，具有能制造强烈的旋转等优势，使得海绵球拍很快得以推广使用。

## （二）辩证法的革命批判精神与创新意识

| 相关链接 |

2017年6月30日，CBA公司在首钢体育大厦召开发布会，宣布了未来五年联赛的竞赛方案以及新的商务方案，CBA联赛等来了梦想已久的一步变革。

常规赛轮次增加、季后赛球队增加、外援政策、联赛为国家队设休战期……每一步，都让人们对CBA新赛季充满期待。

对于这次未来五年的CBA改革，最重要的无疑是以下几点——

第一，常规赛轮次和比赛强度的变化。2017—2018赛季常规赛轮次仍然维持38轮不变，之后两个赛季增至46轮，再之后两个赛季增至56轮；而比赛强度上，将由目前的2周5赛，过渡到1周3赛，再过渡到3周8赛。

第二，常规赛赛制的变化。2017—2018赛季仍然采用目前的主客场（双循环）制，之后四个赛季将根据上赛季球队排名分为四组，同组球队四循环，不同组双循环。

第三，季后赛球队增加。2017—2018赛季从8支增加到10支，之后四个赛季增加至12支；季后赛的赛制也会有相应变化，半决赛开始都采用七场四胜制。

第四，外援政策采用2人4节6人次，第四节全部一人次（不含亚外）；而2017—2018赛季中，上赛季常规赛17—20位的球队将可以获得亚洲外援，之后四个赛季，改成了19—20位球队才可以获得。

我国的CBA联赛从1995年诞生到现在已经走过了20多年的历程，由最初的不成熟逐渐成长为目前我国职业化最成功、市场化程度最高、品牌效应最好、影响范围最广的联赛之一。但不可否认的是，CBA联赛无论是运动员的比赛水平、后备人才的培养机制、裁判员队伍的执法水平，还是联赛市场的运营和开发等均处于比较低的水平。为此，中国新任篮协主席姚明上任以来，迅速推出了一系列被誉为拯救中国篮球的改革举措，而对于CBA联赛的改革就是其中重要的内容。

唯物辩证法认为，世界永远处在不停地运动、变化和发展过程中，任何事物对它产生的那个时代和那些条件来说，都有它存在的理由；但是对它自己内部逐渐发展起来的新的、更高的条件来说，它就变成过时的和没有存在的理由了；它不得不让位于更高的阶段，而这个更高的阶段也会随着时间的推移和事物的发展走向衰落和灭亡。随着我国社会主义市场经济的不断发展，体育产业也需要摆脱长期以来依靠国家投入的局面，要面向市场，独立运营，为此我国率先启动了足球、篮球等具有广泛群众基础和市场潜力的项目进行市场化改革。1995年，中国篮球协会抓住机会与国际管理集团瑞士盈方合作，利用外资推出的篮球体制改革为突破口，促进了职业篮球的发展和俱乐部的建立，使我国篮球得到了新生。

1995年10月在北京举行的中国男子篮球甲级联赛会议上，中国篮球协会发起了《运动员转让暂行条例》和《俱乐部暂行条例》，打开了中国篮球改革的序幕。经过20多年的发展，CBA联赛达到了一个较高的水平，中国篮协也就势提出了打造世界第二联赛的目标。但总体而言，CBA职业联赛属于在初始阶段建设的联赛，制度僵化，管理不规范，缺乏后备储备人才，竞技能力弱，俱乐部实体不强，联赛文化氛围弱，尤其是在联盟监督机制建设方面，与NBA职业联赛相比还存在很大差距和不足。从哲学上看，这些问题都是发展过程中的问题，也必将随着改革的发展而逐步解决。

辩证法在对现存事物的肯定的理解中同时包含对现存事物的否定的理解，即对现存事物的必然灭亡的理解；辩证法对每一种既成的形式都是从不断的运动中，因而也是从它的暂时性方面去理解；辩证法不崇拜任何东西，按其本质来说，它是批判的和革命的。

"对现存事物的肯定的理解"，是指要认识到事物发展过程中的稳定性和连续性，因为任何事物对于它所产生的那个时代和条件来说，都有它存在的理由。但是，对于它自己内部逐渐发展起来的新的因素来说，它就变成过时的和没有存在的理由了。任何事物都包含内在的矛盾和否定因素，随着事物自身中的否定因素的成长，以前现实的东西就会成为不现实的，就会丧失自己存在的必然性和合理性；一种新的、富有生命力的现实的东西就会代替这种正在衰亡的现存的东西。因此，辩证法在对现存事物的"肯定的理解"中，同时包含对现存事物的"否定的理解"。

"否定的理解"就是着眼于事物的运动、变化，着眼于事物的内在矛盾及其所孕育的发展方向，着眼于新事物的产生和现存事物的必然灭亡的客观趋势去理解。因此，真正的辩证法绝不安于现状，绝不是为了"使现存事物显得光彩"的辩护工具，因而它本质上是批判的和革命的。

辩证法的革命批判精神和创新意识是紧密联系在一起的。创新是对既有理论、实践的突破，要创新就要有批判和发展。辩证法的革命精神和批判性思维要求我们，密切关注变化发展着的实际，敢于突破与实际不相符合的成规陈说，敢于破除落后的思想观念；注重研究新情况，善于提出新问题，敢于寻找新思路，确立新观念，开拓新境界。

## | 相关链接 |

姚明成为中国篮协主席后，一项重大的改革是双国家队制。中国男篮是2019年世界杯东道主，所以直接入围决赛阶段，因此2017年和2018年，球队没有成绩方面的硬性指标。在这样的背景下，姚明宣布组建双国家队，旨在给年轻球员更多锻炼的机会。双国家队原则上不交叉和不流动，等到2019年再合并成为一支国家队。如此一来，双国家队也就有了两名主帅——杜锋和李楠。而44人的国家队集训大名单，创下中国男篮历史！在姚明看来，双国家队能形成良性竞争，同时给年轻球员更多的锻炼机会。中国男篮开启了全新的时代，这是一条属于"中国特色"的篮球之路。作为年轻的改革家，姚明打破了旧的模式，创造了新的理念！

辩证法的革命精神和批判性思维要求我们密切关注变化发展的实

际，敢于破旧立新。一方面，不破不立，"破"就是批判，就是革命。只有破旧，才能立新，要坚持"破"字当头，敢于否定一切旧事物，积极推动事物的发展。另一方面，"破"不是全盘否定，而是要坚持辩证的否定观，对旧事物既要克服又要保留。

# 二、创新是体育发展的灵魂

| 情境导入 |

　　在澳大利亚悉尼举行的第二十七届奥林匹克运动会花费了巨额经费修建了世界上最新型的游泳馆，这个游泳馆水池特别深，这样可以减少影响运动员前进速度的因素，并且水池的边缘缓慢地向上倾斜，以防波浪返回打在外道运动员的身上。美国自行车运动员骑的自行车是根据空气动力学的原理设计的，把车把装在非常靠前的位置，这样能够减少风的阻力，而服装的缝合处，是根据气流特点设计的，可以减少摩擦。

　　竞技体育发展到当下，竞技运动各项目已经发展到相当高的水平，要想刷新成绩，并非易事。要使运动员竞技水平有所突破，创造新的纪录，竞技运动的技术条件就需要不断地改进、完善和创新。

### （一）创新推动竞技体育进步

科学技术的迅猛发展对人类社会各个方面都产生了深刻而广泛的影响。创新更新了人们的生产工具，促进了生产技术的进步，提高了劳动者的素质，开辟了更广阔的劳动对象，推动了社会生产力的发展。

随着科学技术的进步和发展，各种技术被广泛应用于竞技体育比赛，现代科技在体育中的地位逐渐加重，以至于到了几乎主导竞技体育的程度，它以加速度的状态全方位地影响着竞技体育的发展。20世纪80年代以后，伴随着信息技术的迅猛发展，竞技体育对科学技术呈现出一种依赖的状态，科技涉足体育的每一个细胞，脱离了科技，竞技体育仿佛难以生存，更谈不上发展。科技对竞技体育发展的引领作用日益明显。

科技创新直接造就了许多新兴体育项目。当今流行的很多竞技项目，与社会生产力的发展，特别是工具的改进直接相关。自行车的发明与革新，产生了公路自行车比赛及后来的山地自行车比赛；轻火器的发明与改进和铅弹的出现，推动了种类繁多的射击项目的发展；汽车、摩托车、飞机、滑翔机的发明和问世，产生了与此相关的一系列竞技体育项目。

### | 名人名言 |

创新是民族进步的灵魂，是一个国家兴旺发达的不竭源泉，也是中华民族最深沉的民族禀赋。

——习近平

科技创新促进了场地及运动器材的改进。在现有竞技运动的技术条件下，运动技术水平已经达到或接近于人体极限，运动员的成绩相对固定，难以有所突破，要想不断超越，就须不断地发掘、利用新的技术条件，特别是比赛的场地器材和服装等的改进。比如，100米直道跑广泛使用的起跑器就比原有的蹲踞式起跑有效得多；撑竿跳高运动员使用的撑竿经历了木竿、竹竿、金属竿、玻璃纤维竿直到目前的碳钢竿，成绩不断提高；标枪的用材也有很大的改进，使得投掷的距离越来越远。

现代竞技体育成绩的提高越来越离不开科学训练。国外有教练认为，一个体操运动员提高成绩有90种因素之多，因此，科学训练是一个庞大的系统工程，从科学选材、早期专门化训练到专业化训练的全过程都离不开科学保障，同时，运动员训练后的恢复、伤病防治、心理监护、食物营养等，无一不需要科学。有的发达国家甚至运用600多种测试手段和300多种方法，获取3000多种数据。经过定量分析，得出科学结论，为训练提供可靠的数据。

| 经典案例 |

中国队在东京奥运会田径赛事中取得的最具历史性意义的突破是男子短跑运动员苏炳添在100m跑半决赛时跑出9.83s的新亚洲纪录，以半决赛总排名第1的成绩成为首位进入男子100m决赛的黄种人，在决赛时以9.98s的成绩获得奥运会男子100m第6名，创造了黄种人在该项目奥运历史上的最好名次。

苏炳添成绩的进步，除了他自身的自律、专注力和拼搏精神以外，还有技术上敢于进行精细化、科学化和针对性的优化，以及科技助力，多领域交叉融合的"复合型团队"的助力。

苏炳添在25岁更换起跑脚、改变100m跑全程跑动节奏后不断取得成绩突破，也用实力证明了通过技术和训练的优化可以跨越人种和年龄的限制，提高运动员自身的能力上限。苏炳添的美国教练员 Randy Huntington 在接受采访时表示，"我只是2% 的教练，科技才是那个98% 的教练"，强调了科技训练手段和仪器的重要性。苏炳添在日常科学训练中所使用的仪器设备多达19种。Randy Huntington 赛后在社交媒体发文表示，其备战团队包含医疗师、体能师、营养师、科研人员和生物力学专家等12人。多学科、多领域的团队合作可以探索出更多的创新点，找到更加科学细致的突破方向，准确全面地对运动员进行全方位的保障。

——刘嘉伟、苑廷刚等，《东京奥运会苏炳添100m 跑的研究和启示》，《体育科学》2022年第2期

竞技运动成绩的提升还离不开运动技术的创新。美国经济学家曾提出过"胜者全得"（the winner take all）的理论，即在技术上领先一步，即便是一小步，就有可能占据该领域的大部分市场。这种理论在很大程度上也适用于运动技术创新，即在特定的历史时期，创新技术拥有者将在赛场上掌握较大的制胜概率。可以说，符合运动规律的基础创新，必将最大限度激发人体潜能，提升运动成绩。

## （二）创新推动体育产业发展

**| 相关链接 |**

《"十四五"体育发展规划》围绕现代产业体系的核心要素，创造性地从要素供给的角度，从科技、资本、人才、数据

四个方面发挥要素创新作用。一是加强科技引领。随着5G、移动互联网、人工智能、区块链等新一代信息技术的广泛应用，催生出一批体育健身新场景和新机遇。《规划》针对性地提出要打造智能健身场景，加快相关产品开发。二是优化金融服务。近年来我国体育产业一直存在有效投资不足和中小微体育企业融资难的一组矛盾，制约着体育企业的创新步伐。《规划》提出鼓励设立体育产业投资基金和信息、担保、融资综合服务平台，这是破解这一矛盾的重要举措。三是激发人才活力。人才是产业创新发展、提高供给水平的核心要素，我国目前体育产业复合型、应用型、技能型人才紧缺，急需壮大产业人才队伍。《规划》提出要建设10所高水平体育产业学院，切实提高体育产业人才的数量和质量。四是强化数字赋能。产业数字化在推动体育产业跨界融合、创造新的体育消费需求等方面发挥着日益重要的作用，此次新冠肺炎疫情加速了体育产业数字化进程。《规划》提出要建设体育重点领域全产业链数据库，这将进一步落实和完善体育产业政务数字化、服务数字化、消费数字化的数据支撑。

——《解读〈"十四五"体育发展规划〉体育产业篇》,《中国体育报》2021年11月8日

实现体育产业发展需要强大的动力支撑，创新是体育产业转型发展的动力源泉。"十三五"期间，以创新思维不断激活发展动能，促使体育产业在国民经济中的地位和作用显著提升。2015—2019年全国体育产业总规模从1.71万亿元跃升至2.95万亿元，年均增长率达14.6%；2019年底全国体育产业法人单位28.9万个，体育产业从业人员505.1万人。

1. 机制创新

体育产业发展，离不开相关机制的改革和创新。"改革"是贯穿2017年中国体育的主题词：体育协会实体化改革步入快车道，群众体育登上全运舞台，跨界跨项选材逐步实施……"推出这些改革措施的主要目的，就是要由体育部门办体育，转变为全社会共同参与办体育，加快推进体育强国建设，满足人民对美好生活的需要。"国家体育总局局长苟仲文表示，这些重大任务不能光靠体育人士做，需要动员全社会的力量共同参与。比如建立政府与企业有效沟通的机制，促进政府有关部门掌握体育市场发展规律，了解体育市场主体的需求，有针对性地发挥政府作用；推进多部门合作的体育产业发展工作协调机制，加强政府部门间沟通与合作；加强区域间的横向联合，形成区域联动发展格局；等等。

2. 科技创新

引导企业增加科技投入，研发科技含量高、具有自主知识产权的运动器材装备，扶持可穿戴运动设备和智能运动装备的发展。支持现代科技成果和信息技术向体育产业领域的转移与应用，加快推进体育产业在内容、形式、方式和手段等方面的创新，重点支持"互联网＋体育"的创新发展。

| 相关链接 |

奥运场馆赛后运营是公认的世界性难题。为破解鸟巢赛后利用难题，国家体育场通过市场化方式开展了大量运营探索和模式创新，自2008年10月北京奥运会后开放运营至2015年底，国家体育场（"鸟巢"）累计接待中外游客超过2600万人次，完成了5A级景区创建工作，实现年均营业收入约2亿元。同

时，鸟巢内部商业空间已全面规划开发，利用鸟巢知识产权开发特许产品20多个大类700余个品种。鸟巢旅游服务、大型活动、商业开发在经营总收入中所占比重已形成3∶4∶3的产业格局，实现了可持续发展。

### 3.运营创新

引导体育产业各业态积极创新运营方式，充分发挥体育竞赛表演业对体育服务业的整体带动作用。鼓励知名体育健身企业通过连锁、加盟、收购、兼并等多种途径做大做强。鼓励场馆运营管理实体通过品牌输出、管理输出、资本输出等形式实现规模化、专业化运营。推行场馆设计、建设、运营管理一体化模式，将赛事功能需要与赛后综合利用有机结合。

## （三）创新推动体育文化繁荣

### |相关链接|

纵观中美冰雪体育电影史，中国冰雪电影产出量远少于美国。中华人民共和国成立以来，中国仅有5部比较知名的冰雪体育影片。美国冰雪体育电影有17部，数量远多于中国，20世纪90年代之后几乎每隔一到两年就有一部冰雪题材体育电影问世。

从电影的影响力来看，美国冰雪体育电影的票房号召力更高，更受大众欢迎，且关注的热度持续时间长，这与美国冰雪电影产出数量多一致。然而，我国冰雪体育电影的大众知名度和商业影响力整体不及美国影片。我国大众对于中国的冰雪体育电影比较陌生，关注度普遍较低，几部冰雪影片的票房都不尽如人意，在公众中产生的影响力也很有限。不过，我国冰雪电影的质量并不低，有几部是国内优秀获奖影片，例如《冰与火》获"华表奖"最佳影片评委会奖和最佳女演员奖，《破冰》获第9届长春国际电影节最佳华语故事片、最佳导演奖、最佳男主角奖、最佳音乐奖等4项奖项。

——李娟、田慧，《中美冰雪运动题材类电影对比研究》，《体育文化导刊》2018年第12期

2022年中国成功举办了北京冬奥会，中国冰雪运动迎来了蓬勃发展的新时代。作为世界了解中国冰雪文化的一个窗口，中国冰雪体育电影应抓住创新和发展的机遇，积极打造新时代具有中国特色的优秀冰雪体育电影，提高中国体育电影软实力，更好地向世界传递中国丰富多彩、独具特色的冰雪体育文化。

创新是促进经济发展的重要因素，也是推动文化发展的重要因素。科学技术的每一项重大发现和发明都推动了人类社会经济、文化的发展。现代信息技术的运用，使收集、选择、传递、储存文化资源的手段和方式发生了根本变革，极大地促进了文化传播、继承和发展。

体育文化具有语言、文字、图像等媒体在人们的意识领域和社会价值体系中传承的特性。体育对文化的传承有两个基本途径：一是体育作为实体对自身的传承，即对作为广义文化组成部分的体育知识经验与实践的传承，包括动作、技巧、仪式、规则等等；二是体育作为载体对文化的传承，传承的主要内容是蕴含在体育实践中的那些开阔人的心胸、陶冶人的情操、展现人的内心世界和表达积极向上的基本品质、价值取向、精神内涵和文化特质。

**| 拓展阅读 |**

1958年6月19日，北京电视台实况转播了北京男女篮和八一男女篮球队的表演，这是我国第一次进行体育实况转播。20世纪90年代中期电视体育节目播出量迅速增加，节目形式由单一走向丰富。除了新闻、栏目和赛事老三样外，出现了纪录片、体育教学、体育商城、体育英语等新节目形式。进入新世纪后，体育节目类型更多，出现了益智类、电玩类、彩票类和评书类等创新节目，自制节目能力和综合报道能力显著增强。在2004年的雅典奥运会上，电视转播创造了3个历史之最：历史上电视转播频道最多，转播时间最长，覆盖面最广。

2007年12月18日，央视国际网络有限公司就奥运会新媒体转播权和国际奥委会签署协议。新媒体也正式介入体育赛事转播权，成为奥运会转播的官方媒介，极大地加快了对体育赛事的宣传速度，在刺激体育赛事产业飞速发展的同时，也极大地促进了体育文化的发展。

随着移动设备的不断更新和传播媒介的升级迭代，体育IP成为全民热点话题。从奥运会、世界杯、欧洲杯、英超、NBA到意甲、四大满贯网球赛、中超、中网CBA、极限格斗，甚至砂板大奖赛等都成为资本和消费者讨论的对象，各种新玩法也层出不穷。

创新推动着人类思维方式的变革。思维方式的变化，归根到底是由人的实践方式决定的。不同的实践活动决定着思维活动的不同性质和思维方式的不同内容。实践基础上的理论创新和理论指导下的实践创新，在推动科技发展的同时，也使得人类认识的对象和范围日趋广阔，使得人类思维的能力和水平不断提高。

人类文化的发展是通过创新实现的，体育文化也不例外。体育文化是广大人民群众在实践的基础上不断创新的成果。

实践永无止境，创新永无止境。实践基础上的理论创新是社会发展和变革的先导。创新是一个民族进步的灵魂，也是体育发展的灵魂。

## | 阅读与思考 |

中国乒乓球队的长盛不衰，并非因为他们有什么亘古不变的制胜技术战术，也不是因为他们掌握着放之四海而皆准的秘密武器，而是因为他们在继承发扬自己的技术特长的同时，能够针对世界乒乓球技术的发展趋势，及时地调整自己的技术风格，进行技术创新，在适应与反适应、控制与反控制的矛盾中经常掌握着主动权。

20世纪60年代初期，中国队以直拍近台快攻和逐步形成的"快、准、狠、变"的技术风格，征服了日本的直拍进攻型打法和欧洲的横拍防守型打法，在一段时间里执掌国际乒坛之牛耳。后来，日本人发明了弧圈球，接着欧洲人将中国的快攻和日本的弧圈熔于一炉，创造了横拍全攻型新打法，再次撑起一片复兴欧洲乒乓球运动的新天地。面对欧洲乒坛的重新崛起，中国队一方面改进球拍的性能，另一方面在"快、准、狠、变"的原有技术风格的基础上加上"转"字，使速度、力量、旋转、弧线和落点五个要素更紧密地结合，大大提高了对付横拍全攻型打法的能力，很快又夺回乒乓技术的优势。

20世纪80年代末，随着欧洲横拍弧圈球技术的成熟，作为中国乒乓球传统利器的直拍左推右攻式快攻已经走到了生死边缘，通过一代代乒乓球运动员、教练员、科学研究人员在理论和实践上的努力，又成功地创新了直拍横打技术，使直拍快攻重新焕发出生机和活力。

1. 辩证否定的实质是什么？中国乒乓球队在技术创新中怎样表现出来？

2. 在这一辩证否定过程中，中国乒乓球队是如何体现辩证法的革命批判精神的？

# 第九章　寻觅人生的真谛

## 一、价值与价值观

　　1981年，中国女排以亚洲冠军的身份，参加了11月在日本举行的第三届世界杯女子排球比赛。11月16日，中国队以7战全胜的成绩获得首个世界冠军，开启了"五连冠"的辉煌征程。而到目前为止，中国女排已经三次夺得奥运会的冠军。作为队员身份的郎平，继1981年世界杯、1982年世锦赛两夺世界冠军之后，1984年在洛杉矶奥运会夺得奥运会金牌。作为主教练的郎平，1996年和2008年两届奥运会分别率领中国女排和美国女排冲进决赛，2016年率中国女排一举登顶，成为国际排球历史上分别以队员和主教练身份夺得奥运金牌的第一人。2020年东京奥运会，郎平又继续带队参赛，有人说，郎平已经获得那么大的成就，可以功成身退、见好就收了。这样看郎平的人，可能有点小看她了。郎平曾经在自己的自传里写道："其实，输赢算不了什么，打世界大赛，毕竟不是打世界大战，我们打的不是利益，我们打的是一种人类的精神。"在郎平看来，女排精神就是一种集体主义精神，是一种在遇到困难时不放弃的精神，在中国女排最需要人的时候，她做点牺牲，把老女排的精神传承下去是一件非常有意义和有价值的事情。

在现实生活中，我们时常会面临价值选择，甚至因此会产生困惑。那么人为什么会有不同的价值评价和选择呢？类似好坏、是非、美丑、利弊、得失、成败、功过、优劣、高下、祸福、荣辱、尊卑、贵贱、有用与无用、先进与落后、应该与不应该、正当与不正当等等概念，有一个总体性的哲学名称——价值。一个人信仰什么，希望什么，赞成什么，喜欢什么；一个人仇恨什么，恐惧什么，反对什么，厌恶什么；一个人做人做事信奉什么原则，恪守什么规范等等，既涉及价值，又体现着一个人的价值观。

## （一）哲学上的价值

价值最初是一个经济学问题，意思是：凝结在商品中的劳动，就是商品的价值。后来引用到各个领域，是人的实践和认识活动中常见的现象。人是活动的发动者和实施者，即居于主导地位的"主体"；人的活动所作用的对象，无论是客观事物、精神现象，还是他人或社会群体，都是人的活动的"客体"。人之所以要发动和实施一定的活动，源于人的生存和发展的需要，或者说改造客观世界和主观世界的需要。

人的生活离不开有价值的事物，粮食、水果等食物具有满足人们营养需要的属性；衣物、房屋等具有满足人们穿、住需要的属性；书籍、艺术等具有满足人们精神需要的属性；体育能满足人类生存、发展、享受等需求，因此体育有健身价值、娱乐价值、医疗价值、教育价值、艺术价值、审美价值、道德价值、经济价值、政治价值、军事价值、科学价值、外交价值等。这些事物都能以自身的属性和功能满足人们的需要。哲学上所说的价值是一事物所具有的能够满足主体需要的属性和功能。哲学上的价值涵盖了各个不同领域事物的价值，具有高度的概括性和普遍性。因此，哲学上的价值与各个不同领域事物的价值是一般与个别的关系。

## （二）人的价值

人活在世上，应该懂得人生的价值，也就是做人的意义。既然哲学上所说的价值是一事物所具有的能够满足主体需要的属性和功能，那么人的价值就是人所具有的能够满足他人和社会需要的属性和功能。

物的价值的特点在于事物能够以自身的属性和功能来满足人的需要，但事物自身没有需要，因此物的价值具有单向性。一个农民的价值在于通过自己的劳动为人们提供更多的农副产品；一个医生的价值在于救死扶伤，为病人解除痛苦；一个运动员的价值在于通过自己的勤学苦练，在赛场上奋力拼搏，为民族争气，为国家争光。农民、医生、运动员在满足社会和他人的需要的同时，获得了来自社会或他人给予的奖金和报酬以满足自身物质生存的需要，同时也得到了相应的荣誉和对自己价值的承认和尊重，从而实现了对自我的满足。因而人的价值是双向性的，人既是价值的创造者，又是价值的享受者。人的价值包括两方面的内容，一是个人对社会的责任和贡献，即人的社会价值（贡献），二是社会对个人的尊重满足，即人的自我价值（索取）。人的价值是社会价值和自我价值的统一。

　　人生价值的两个方面是辩证统一的，你不贡献，我不贡献，谁来贡献？你也索取，我也索取，向谁索取？没有每个人对社会的责任和贡献，没有人们为社会创造财富，就没有满足个人的物质和精神生活需要的产品，社会就不能存在和发展，社会也就失去了对个人尊重和满足的基础，个人就会失去生存和发展的条件，同时也谈不上对社会尽义务和做贡献。因此对每个人的人生价值的衡量，并不能由自身来决定，而是必须由他人来完成，衡量人生价值的标准并不是主观的，而是客观的。人生价值并不是人们对自身需要的满足，而是以人们对他人或社会需要满足的程度为标准的，即对他人或社会所做出的贡献。若你对他人或社会做的贡献多，那么你的人生价值就大，反之则小。人的贡献是多方面的，可以是对某个人或某个集团的贡献，但最根本的是对社会发展和人类进步事业的贡献。

　　| 名人名言 |

　　一个人的价值，应该看他贡献什么，而不应该看他取得什么。

——爱因斯坦

## （三）价值观的导向作用

　　或许在日常生活中同学们不会提到价值观这个词，但价值观一点也不神秘。它存在于人们日常生活实践的方方面面，渗透于人们日常的饮食起居、为人处世、待人接物、学习工作、娱乐休闲等活动之中。所谓价值观，就是人们基于社会实践和持有的关于价值的总观点、总看法，是人们的价值信念、信仰、理想、标准和价值取向的综合体系。

更具体地说，价值观是人们基于生存、发展和享受的需要形成的对于事物是否具有价值、具有什么样的价值的根本看法，是人们区分好坏、善恶、美丑、利弊、得失、荣辱、正义与非正义、神圣与世俗等的观念，是人们所持有的关于应该做什么和禁止做什么的规范。价值观和世界观、人生观是相一致的，价值观是世界观和人生观的重要组成部分，世界观、人生观都包含着价值观，每一种世界观、人生观确立的同时就意味着确立起一种价值观。

价值观是一种社会意识，是社会存在的反映，它在一定的社会存在基础上产生，随着社会存在的变化而变化。价值观集中反映一定社会的经济、政治、文化，代表了人们对生活现实的总体认识。价值观作为一种社会意识，对社会存在具有重大的反作用，对人们的行为具有重要的驱动、制约和导向作用。

**| 相关链接 |**

姚明，NBA 第一个亚裔"状元秀"，他改变了世界看中国人的"高度"，他是中国体育走向全球的标志性人物，不仅为中国赢得了声誉，而且为整个亚洲赢得了尊重。他在接受《休斯敦纪事报》采访时说："在我来 NBA 之前，我的最终目标是帮助国家队在奥运会上取得好成就。我来到 NBA 之后，这仍然是我最重要的目标。只要能让我进国家队，不给我报酬没关系，没有球迷我也不在乎，甚至让我当板凳球员都行，因为能为国家而战是一种荣誉。"

在姚明看来，为国家打球是一种无上的光荣，它远远比报酬、球迷带给他的满足感重要得多。姚明的价值观改变了世界对中国人的看法，也为整个亚洲赢得了尊重。当代青少年应以姚明为榜样，激励自己以中华优秀传统文化的坚韧、勤奋和智慧勇于参与到国际竞争中，从而为国争光。

1. 价值观对人们认识世界和改造世界的活动具有重要的导向作用

一方面，价值观影响着人们对事物的认识和评价。价值观不同，人们对事物的认识和评价就不同，有的人觉得姚明为国家打球不在乎报酬，不在乎球迷，甚至甘愿坐冷板凳，这样的姚明太傻了，但在姚明看来，只要是为国家而战，就是一种荣誉。

另一方面，价值观影响着人们改造世界的活动，影响着人生道路的选择。价值观不同的人，行为的取向也会不同，甚至可能截然相反。即使从同一个真理性的认识出发，也可能引出不同的甚至截然相反的行为取向。例如同样都是有着高水平篮球技能的运动员，有的为了国家集体的荣誉而战，有的为了金钱而战，甚至有的为了达到利益的目的不择手段，走上违法的道路。可见仅仅拥有高超的篮球技能并不能保证人们行为的价值取向的正确。体育绝不是一般人理解的简单的肢体运动和对成绩的追逐，事实上，体育以人自身为出发点和归宿，以"体"为手段，以"育"为灵魂，其在本质上是一种精神的冲动，是人生态度的呈现。运动员在体育比赛过程中常常面临坚持不懈还是轻言放弃、竭尽全力还是懒惰应付、默契配合还是逞强独斗、大度宽容还是伺机报复的选择，这些都是价值的选择与价值观的呈现过程。总之，正确的价值观，产生正确的认识，从而采取正确的办法改造世界，错误的价值观产生错误的认识，从而采取错误的办法改造世界。

**| 经典案例 |**

1968年，在墨西哥城奥运会上，坦桑尼亚选手艾哈瓦里在参加马拉松比赛进程中受伤，当他缠着绷带、拖着流血的伤腿一瘸一拐地最后一个人跨过终点线时，数万人的会场，全场肃穆，全场观众起立，雷鸣般的掌声经久不息。那是一个感人至深的场面。虽然此时离枪响已经近4个小时了，天色也渐渐暗淡下来，但人们仍然向这位勇士表达了他们最崇高的敬意。当被问及为什么不索性退出比赛时，艾哈瓦里笑了笑，只轻轻说了一句："我的祖国派我到这里是要我冲过终点的。"他的名字和这句话从此成为奥运史上的经典。

艾哈瓦里不怕困难、坚持不懈、顽强拼搏的精神，受到社会的认可，给人们很大的激励，当人们遇到困难时，就会想到坚强的艾哈瓦里的故事，从而给人们走下去的动力与毅力。艾哈瓦里还是一个爱国者的形象，为了国家荣誉，他选择了坚持，他有了方向，是一个爱国典范。

2. 价值观是人生的重要向导

一个人如果有了正确的价值观，他的人生道路往往就是光明的，他的未来往往是美好的。美国著名诗人罗伯特·弗罗斯特有一首名为《未选之路》的诗，诗中写道：两条路分散在树林里/而我选择了人迹更少的一条/从此决定了我的一生。诗中蕴含的哲理就是不同的价值观，对人生有不同影响。

自从人类诞生以来，就建立了群体生活方式，人与集体便结下了不解之缘。人类之所以能存在和发展，不断改造自然，改造社会，创造了物质文明和精神文明，正是依靠了集体的力量、社会的力量。中国传统文化从源头上，把宇宙看作一个整体，强调人与自然的统一，人与自然的协调，这种思想体现了深刻的哲学世界观和价值观。对这种观点的认同，使得中国人十分注重和谐局面的实现和保持，做事不走极端，个人服从并着力维护集体利益成为人们普遍的思维定式。

在我们平时的训练和学习中，学校是集体，班级是集体，运动队也是集体，无论是运动技能的学习、比赛能力的培养，还是品格的形成，都需要在集体中实现。良好的集体是个人成长的必要条件，在集体生活中，彼此帮助、关心、理解，可以互相启发，集思广益，解决学习、训练和生活中的难题，因而，个人的成长离不开集体，个人要为集体事业多做贡献。

**| 相关链接 |**

我们倡导社会主义的集体主义价值观，这一价值观主张集体利益与个人利益在集体利益上的辩证统一。它强调集体利益即人民群众的共同利益高于个人利益，当集体利益与个人利益发生冲突时，个人利益要服从集体利益；当然它不排斥个人利益，而是重视和发展个人的正当利益，强调发挥集体中每个成员的积极性和创造性，并使之成为推动整个国家、民族进步的动力。

集体主义是新时期我国人民的正确价值取向。任何一个社会在一定的历史发展阶段上，都会形成与其根本制度和要求相适应的、主导全社会思想行为的价值体系，即社会核心价值体系。在当代中国，树立正确的价值观，必须努力建设社会主义核心价值体系，积极培育和践行社会主义核心价值观。我国社会主义核心价值体系的基本内容，主要包括以下几个方面：坚持马克思主义指导思想；坚持中国特色社会主义共同理想；坚持以爱国主义为核心的民族精神和以改革创新为核心的时代精神；坚持社会主义荣辱观。"倡导富强、民主、文明、和谐，倡导自由、平等、公平、法治，倡导爱国、敬业、诚信、友善，积极培育社会主义核心价值观。"培育和践行社会主义核心价值观，是坚持和发展中国特色社会主义的内在要求，是凝聚社会共识、实现团结和谐的根本途径，是树立国家良好形象、提升国家文化软实力的迫切需要。

习近平总书记在2017年6月14日会见国际足联主席伊凡蒂诺时指出：足球运动的真谛不仅在于竞技，更在于增强人民体质，培养人们爱国主义、集体主义、顽强拼搏的精神。总书记的讲话不仅为足球运动发展指明了方向，更为竞技体育和学校体育工作指明了方向。中国乒乓球队50多年来保持长盛不衰的法宝就是一代又一代乒乓人"祖国至上"的崇高思想和一批批"陪练人"的无私奉献精神，他们把国家的整体利益放在第一位，而把个人的利益放在其次，这种带有责任感和使命感的人生价值观，首先表现为运动员强烈的爱国主义情感和责任感，是运动员成长的精神支柱。原中国体操队总教练黄玉斌深有体会地认识到："要登上运动生涯最辉煌的顶点，天赋和刻苦训练是基础，但作为中华儿女，把我们托上世界冠军、奥运冠军领奖台最大的动力却是满腔的爱国主义热情。"

| 相关链接 |

　　奥运明星的个人成就和荣誉备受社会关注，他们的言谈举止对青少年有着深远影响。以许海峰为代表的15位奥运冠军相聚北京体育大学，与青少年展开对话交流。奥运冠军对崇拜他们的青少年寄予如下希望：做你爱做的事情，你也会成功；人生路坎坷，做好现在；好好学习，基础是名利之本；你就是

你，找出你的优点，让它发光；有志者，事竟成；好好学习，天天向上；从我身上学到一些有利于自己成长的东西，比如拼搏、自信；努力学习，知识是自己的；坚持是一种胜利；有梦想，才有可能；等等。

榜样的力量是无穷的，青少年思想活跃，容易接受新生事物，体育明星的拼搏精神以及成功的经历使青少年受到人生的启迪，他们在运动场上克服疾病和伤痛、为国争光的豪情，关键时刻与队友密切配合、团结协作的精神都会对青少年的精神与心灵产生冲击，他们所展示的巨大号召力和鼓舞力往往是学校、家庭和社会行为无法匹敌的。奥运冠军的话语给予青少年极大的激励，他们的自信、拼搏和团结协作精神以及健康、乐观、善良、竞争和友爱等人格魅力，能够引导青少年形成正确的价值观念和积极的人生态度。而体育明星中出现的诸如违法乱纪、违背体育精神、破坏体育道德的负面消息，不仅损害了体育明星的个人形象，更损害了体育运动员的整体形象，传递社会负能量，对青少年成长带来不良的影响。体育事业伴随着中华人民共和国的成长，在不同的时期都涌现出了一批艰苦奋斗、敢于拼搏、勇于胜利的个人和集体，奏响了那个时期的最强音。女排精神就是中国女排的历史遗产，是鲜活的价值观，在新时期，女排精神仍具有巨大的现实意义和时代价值，引导人们树立正确的价值观，它是社会主义核心价值观的具体体现，新时代中国运动员要更加担当起社会责任，传递正能量，励精图治、顽强拼搏，创造更多能代表时代风貌、感动中国的人和事，为中华民族的伟大复兴提供更加鲜活的精神动力。

# 二、创造体育生的人生价值

　　20世纪70年代，大多数世界体育组织都把中国长期排斥在外，1974年，霍英东被选为亚洲足球协会副主席，通过他的大力斡旋，在这一年的德黑兰亚足协大会上，中国在亚洲足协的合法席位得以恢复。霍英东也因此被称为中国的民间"体育大使"。

　　从1984年洛杉矶奥运会开始，霍英东用1亿港元建立了"霍英东体育基金"，专门用来奖励运动员。其中，奥运金牌选手可以获得1枚重1公斤的纯金金牌和8万美元奖金。霍英东的举动，对中国运动员产生了巨大的鼓舞和鞭策。1991年2月，中国政府正式宣布，北京将申办2000年奥运会。从此，霍英东又为中国申奥在国际上奔走。

　　北京以两票之差没有获得2000年奥运会主办权。这次失败对霍英东的打击非常大，但是，霍英东还是挺了过来。8年后，2001年，在莫斯科，中国申办2008年奥运会又进入最后的投票阶段。当时霍英东年岁已高，只能让担任香港奥委会会长的儿子霍震霆到现场代为出力，他自己在香港等待最后的结果，终于巨大的喜悦让霍英东兴奋无比，多年的夙愿终于实现了。在北京成功申办2008年奥运会后，霍英东又捐资2亿元，用于北京奥运会游泳馆"水立方"的建设。

　　霍英东不仅对体育事业投入了很大的热情，而且对于内地和香港的教育、医疗、科学、社会公益等方面也非常慷慨，给予了很多资助。有人给他算了一笔账，在霍英东一生中，他一共捐赠了150亿人民币。霍英东不是香港最有钱的人，可是他却是为慈善事业捐款最多的人。但是，谁也想象不到，这位坐拥290亿人民币的一代巨商，平时最喜欢吃的就是煮玉米；他的鞋子坏了，也会让人拿去补补再穿。他也是全香港唯一一位不带保镖的富豪。

作家冷夏在《霍英东全传》中，记录了她与霍英东先生的有趣对话。作家问："你从商已有半个世纪，回过头来看自己走过的路，应该有个自我评价。假如人生满分是100分，那你给自己打多少分？"霍英东连想也没想就冲口而出："不止100分，起码100多分。"

个体对社会和他人的生存和发展贡献越大，其人生的社会价值也就越大，全国政协副主席王忠禹在霍英东先生的悼念和公祭仪式上评价他的一生是"爱国的一生，奋斗的一生，奉献的一生"。霍英东先生为社会、为国家不遗余力，慷慨解囊，他的财富观和人生观会流芳未来。他给自己的人生打了高分，是当之无愧的。

## （一）在劳动和奉献中创造价值

劳动着的人是幸福的。人只有在劳动中，在奉献社会的实践活动中，才能创造价值。一个人在劳动中创造的财富越多，意味着他为满足社会和人民的需要所做出的贡献就越大，他自己的价值就越大，他的幸福感也就越强。2018年5月2日习近平在北京大学考察时强调，广大青年要培养奋斗精神，做到理想坚定，信念执着，不怕困难，勇于开拓，顽强拼搏，永不气馁。幸福都是奋斗出来的，奋斗本身就是一种幸福。

| 案例链接 |

占旭刚出生在浙江开化，10岁开始练举重，在这个高强度的项目中他度过了18年。1996年亚特兰大奥运会前夕，他入了党。就在那届奥运会上，他的成绩打破三项世界纪录，获得冠军。2000年在悉尼第二十七届奥运会举重比赛中，他获男子77公斤级总成绩第一名，并打破该级别挺举世界纪录。这位中国举坛的"霸主"、"力能拔山、气可盖世"的老将，用汗水为祖国人民争了光。占旭刚有一句名言："奥运会金牌即使是天上的月亮，我也要把它摘下来！"

在亚特兰大奥运会的举重台上，他先以抓举超过2.5公斤的优势，使最后一个对手——韩国金明南想借体重稍轻而取胜的念头破灭；又以挺举190公斤的成绩逼乱了金明南的节奏。当金明南不得不第二把抓举192.5公斤而失利时，胜券已稳操于占旭刚手中了。可是杀出威风的占旭刚此时斩钉截铁地说："为祖国扬威，要195！"这个数字超过金明南创造的世界纪录1.5公斤。

占旭刚一个漂亮的下蹲挺，起来了，把新的世界纪录举到了空中！

占旭刚在雷鸣般的掌声和欢呼声中打破了三项世界纪录。在场的中国体育报记者张小鸽情不自禁地举臂指挥场内的华人，唱起了雄壮的《义勇军进行曲》，此情此景，感人肺腑，这就是一种非常淳朴自然的爱国情怀，幸福感油然而生。

到2004年雅典奥运会举行之时，占旭刚正好30岁。以这个年龄再次问鼎奥运金牌，要克服的困难可想而知。有人劝他激流勇退，但他觉得就是光参加训练这一点，就能为年轻队员做个好榜样。由于老运动员在体能、技术等方面的恢复都相对较慢，自九运会比赛结束后，占旭刚一直处于调整期。他表示："国家举重队还需要我。我作为一名老运动员，要给年轻的运动员带个好头，争取在2004年雅典奥运会上再夺金牌。"他还说："作为一名运动员，我要为国家赢得荣誉；作为党员，我要为党争光！"

尽管在雅典奥运会上他没有成功，但在场所有人对这位奥运会三朝元老更加尊重和敬佩。时任浙江省体育局局长李云林是这样评价的："他是真正的好汉！"

收获是因为付出。我们在奥运会、亚运会、全运会上，每每为运动员的瞬间的冲刺而激动，但是，那辉煌的瞬间，是日日夜夜的刻苦训练，是点点滴滴的辛劳与汗水的结晶。体育比赛，实质上是实力的较量。要在比赛中挫败对方，使自己成为胜利者，没有雄厚的实力不行。实力大小、强弱，是体育竞赛成败的根本因素。要在竞赛中，使自己立于不败之地，战胜所有竞争者，成为全国冠军、亚洲冠军、世界冠军，就要练就一身过硬的真本事、硬功夫。这种本事和功夫，不只是体能、力量、技术和战术，而且包括思想、作风和意志。技术好，当然是取胜的必要条件。但意志薄弱、作风不够顽强，即使技术好，也不可能在激烈的竞争和瞬息万变的比赛中取得胜利。所以，练技术，同时也要练思想。只有思想、技术都得到了磨炼，才具备真正的实力，才有可能使自己在重大比赛中，有强大的竞争能力，摘取金牌。夺冠军，争第一，同其他任何成就一样，都不是一朝一夕、轻而易举的事。球王贝利的超人球技是练出来的，我们的体育明星也是练出来的。

一项事业的成就，一枚金牌的获得，一个世界纪录的创造，都是每一个体育工作者、教练员、运动员奋不顾身地工作和毫无保留地贡献的结晶。任何一位优秀运动员的成长历程，都是一曲"爱的奉献"。在体育界，许多人用自己的能力采取不同方式为社会创造着价值，"春蚕到死丝方尽，蜡炬成灰泪始干"，每个取得辉煌成就的运动员背后总有一些默默为之付出的优秀教练员们，勤勤恳恳地为了中国的体育事业而付出，在自己的岗位上奉献着。游泳金牌教练徐国义为了完成好带领中国游泳队在欧美运动员"统治"已久的游泳项目上实现突破的使命，他可以牺牲个人的生活、健康，其中展现出的使命感、责任感尤为感人，当他的运动员走上领奖台，升国旗，奏国歌时，他笑了："金牌是甜的。"一句"甜的"，藏着多少苦痛与付出，恐怕只有徐国义最清楚，但他始终无怨无悔、甘之如饴，"游泳几乎占了我生命的全部，我喜欢这个事业，这辈子是离不开泳池了"。"世有伯乐，然后有千里马；而千里马常有，伯乐却不常有"，一些独具慧眼的教练可以为体坛培养出引领一个时代的运动员，或是帮助球队达到超脱于比赛层面的成功。孙海平自2005年起担任国家田径队副总教练，是他带领着极具天赋的运动员刘翔一步一个脚印攀上2004年雅典奥运会的巅峰。随后当刘翔的身体状况逐渐使他力不从心，但孙海平却一直陪伴着刘翔从2008年北京奥运会，再到2012年伦敦的跌倒，即使刘翔从万众期待中走下神坛，逐渐落寞，但是在不同时刻，都会看到孙海平守护在弟子边上。努力奉献的人是幸福的。不想奉献他人和社会的人，永远不可能拥有真正的幸福。只有爱我们的家人，爱我们的朋友，爱我们的事业，爱我们的祖国，积极投身于为人民服务的实践，才是实现人生价值的必由之路，也是拥有幸福人生的根本途径。

**| 名人名言 |**

你若要喜爱你自己的价值，你就得给世界创造价值。

——歌德

# （二）在个人与社会的统一中实现价值

**| 经典案例 |**

1932年7月29日下午4时，在太平洋上颠簸了21天后，中国第一位参加奥运会的选手刘长春终于到达美国洛杉矶码头。他是参加第十届洛杉矶奥运会的唯一一名中国选手。因长途旅行体力不支，刘长春在100米和200米预赛中即遭淘汰。

作为运动员的刘长春，他是不幸的，没有教练，没有专门的营养品，甚至没有路费，以至于参加完奥运会，他流落街头，靠着华人华侨的捐款，才辗转回到祖国。一个孱弱的国家，给予一个代表着这个国家的运动员，连最基本的保障都没有，这便是刘长春的时代缩影！

1935年，新加坡的华文报纸《星岛日报》刊登了一则漫画：在奥运五环旗下，一群头蓄长辫、长袍马褂、形容枯槁的中国人，用担架抬着一个大鸭蛋。配题则是那个后来深深刺痛中国人的蔑称——"东亚病夫"。

这些经历都深深刺痛了刘长春。直到晚年，他还泪眼婆娑着反复吟念："国运兴，体育兴！"

1937年，刘长春的腿部再次拉伤。落后的医疗条件使其未能复原。在绝望的泪水中，他终结了自己的竞赛生涯。

第二年，他迁居于湖南长沙。那一年的11月13日，国民政府实行了所谓"焦土抗战",一场惨绝人寰的人为大火突然吞噬了整座长沙市。在熊熊燃烧的烈焰中,刘长春参加奥运会的一切纪念物品,全部被焚毁殆尽。

2008年8月8日晚上,在国家体育场的鸟巢,充满着科幻、绚丽和想象的开幕式呈现给世人一幅"中国形象",其背后是中国人百年来的奋斗史,是新中国近60年来的厚积薄发。中国获得51枚金牌、100枚奖牌,位列金牌榜第一,这些正值运动巅峰的运动员可谓恰逢天时地利人和,他们是幸运的。

刘长春参加奥运会的经历说明了什么?

为什么说参加2008奥运会的中国运动员是幸运的?

社会提供的客观条件是人们实现人生价值的基础。人的生存和发展条件、享受条件和工作条件都是由社会提供的。人在实践活动中实现自己价值的时候,必须利用社会和他人提供的各种物质条件和知识成果。完全脱离社会的"个人奋斗"和"自我实现",实际上是不可能的。

优秀运动员的成才一般要经历长期过程,需要国家投入大量的经费和教练员的毕生心血,中国乒乓球队教练蔡振华针对个别主力队员的"功利"心态,明确指出:"你们现在的资本是怎么来的?从幼儿园、小学开始打乒乓球到进国家队,你们交过场地费、教练费、服装费、陪练费、差旅费吗?这些钱是国家给你们出的,在你们成才之前,国家已经为你们付出了太多,目的就是让你们去拿世界冠军,为国争光。"以飞碟项目为例,一发子弹2元多钱,加上五角钱左右的碟靶,每次射击的成本大约3元钱。一天以200次射击计算,一年假定是300个训练日,那么每年的基础器材费用就是18万元。另外还要加上枪支、衣食住行、出国参加比赛等费用,这些钱对于运动员个人来说是一个天文数字,但在中国是由国家来承担的。陶璐娜在获得2000年奥运会冠军后发自肺腑地说:"一名运动员如果没有祖国母亲的养育,就不可能取得奥运会冠军。"雅典奥运会110米栏的冠军刘翔每年到国外参加比赛的费用达到160万元左右,加上科研、后勤等每年需要近300万元。可见,如果没有国家稳定开放的环境,没有祖国做他坚强的经济后盾,不能给他创造训练和比赛的条件,所有功名将无法谈起。因此,在中国这样一个特定的环境下,离开了祖国的关怀与培养,运动员是不可能成功的。

2017数字体育全球峰会在北京举行,中国女排总教练郎平出席了此次峰会,并和央视著名主持人、新闻评论员白岩松展开对话,两人围绕球队职业化、联赛水平、运动员新价值等论题展开讨论,郎平认为:这个时代的球员,可以既专注于事业,又实现自己的个人价值,可以说,运动员赶上了一个好时代,体育生思考人生问题,应该正确认识和处理个人与社会的关系,把小我和大我更好地统一起来,把自己的人生追求同社会的发展进步紧密结合起来,在为社会做贡献的过程中成长进步,实现自己的人生价值。

| 名人名言 |

只有在集体中,个人才能获得全面发展其才能的手段,也就是说,只有在集体中才可能有个人自由。

——马克思、恩格斯

## (三)在砥砺自我中走向成功

孟子说过"天降大任于斯人也,必先苦其心志,劳其筋骨,饿其体肤,空乏其身"。古往今来成大事者,无不经过社会实践的历练和艰苦环境的考验。运动员职业的特殊性在于时刻动员和挖掘生理、心理潜能以创造佳绩。

实现体育生的人生价值，需要充分发挥主观能动性，需要顽强拼搏、自强不息的精神。人在自然天赋上有这样那样的差异，在实现人生价值的过程中不可避免地要受到自身条件的限制，但这并不是说，人的主观努力不起作用。个人的主观努力，在相当大的程度上决定着一个人的人生价值的实现程度。中华体育最宝贵的精神就是不怕挫折、不畏牺牲、勇于拼搏、敢于胜利。20世纪60年代，体育界提出"三从一大"的训练原则。训练的大运动负荷、从难从严的实战要求，就是提倡不怕苦、不怕累、不怕伤病带来的挫折。90年代，体育界重新强调"三从一大"训练原则。新时期，"三从一大"对竞技体育的作用仍然是巨大的。不同之处是，现在更强调科学训练。

很多世界冠军的成长并没有一帆风顺，他们经受了各种各样的挫折。60年代，《体育报》评论说："庄则栋、徐寅生、梁丽珍等优秀选手，在前进的路上也曾经遭受过不少的波折，在国际国内比赛中也吃过一些败仗。但他们不因为一时的困难和失败而垂头丧气，而是从失败中吸取教训，获得经验，继续前进。"80年代后，像邓亚萍、韩健、郎平、李宁、叶乔波等优秀运动员都具有坚强的意志，能承受各种打击，并在挫折中获得经验，逐渐成长和成熟起来。当今体坛涌现出了以李娜、林丹、杨倩、丁俊晖、姚明、刘翔为代表的新生代运动员，也都在砥砺自我中走向成功，姚明的善良与大气、谦恭与睿智，刘翔的自信与努力、开朗与包容，李娜自由的发挥与招牌式的幽默语言，杨倩的勇于表现与强大心态，在全世界人民面前展现了中国运动员的全新形象。

不怕挫折是以自信、自强为心理基础的。在这个世界上，人最大的敌人就是他自己。对自己都没有信心、不相信自己的竞技能力、不具备自强意识的人，在遇到接连的坎坷时就肯定会被困难所打倒和击退。80年代末，中国男乒面临着从技术到自信的全面滑坡。"当时很多队员最多的想法，就是自己生错了年代，对胜利失去了信心。蔡振华首先要做的，就是用自信来鼓舞队员的士气。"正是蔡振华的不怕挫折、相信自己的必胜信念率领着男乒走出了低谷。不怕挫折，不仅要以自信为基础，同时还要自强。1985年的中日围棋擂台赛，拼到决赛阶段，中国只剩下聂卫平一人。而此前中国队从未打败过日本，聂卫平想要取胜，就必须要连胜不久前才赢过自己的3名日本超一流棋手，难度和压力之大可想而知，但聂卫平没有被接连的挫折和日本九段所吓倒，而是坚信自己的实力和能力，积极寻找对手的短处和弱点，花大量心血细心研究对策，终于力克三雄，取得了中国棋坛具有历史性意义的胜利。

有人问郎平，女排精神是什么？她的答案是："女排精神不是赢得冠军，而是有时候知道不会赢，也竭尽全力。是你一路虽走得摇摇晃晃，但站起来抖抖身上的尘土，依旧眼中坚定。人生不是一定会赢，而是要努力去赢。"这是新女排跟老女排不一样的气质。在某种程度上，郎平是老女排精神的代表，却亲手把老女排的旗帜换成了新女排精神的图腾。这是女排精神内涵的更替，也是郎平个人境界的升级。30年前，郎平看起来放弃了一条光明道路，但最终迎来了更加丰富、更加有韧性的人生。伴随改变的，正是她对排球哲学的重新认识，也是她对人生哲学的重新认识。

实现人生价值需要努力发挥自己的才能，全面提高个人素质。众所周知，运动员因为职业原因没有时间系统学习文化知识，退役之后往本领域方向继续工作，这几乎成了一个"定例"。要使自己的人生更有宽度，运动员需要有全面的能力，它帮助我们应对不同的生活领域，解决多样的人生难题，把握难得的人生机遇，从而为人生价值的实现开辟更广阔的空间。2018年7月4日晚，邓亚萍出席了由清华大学主办的"青年榜样——奥运冠军邓亚萍"的分享交流会。90分钟的交流会上，邓亚萍金句不断。她说自己能在世界比赛的球场上做常胜将军的一个重要原因就是心态好："每次我从颁奖台上下来的那一刻，把一切都归零。"无独有偶，邓亚萍在凤凰网《舍得智慧讲堂》的一周年特别节目（2018年7月5日更新）中也谈到了"归零与出发"——这不仅是邓亚萍在竞技体育中的强大内心写照，更是她不断突破自我，步履不停的人生态度。作为世界乒坛第一位大满贯得主，邓亚萍并没有按照常规，选择身披奥运的光环度过安稳舒适的一生，相反，她脱下球衣，拾起课本，把一切归零，重回校园。由于常年专注于体育训练，邓亚萍的文化课基础十分薄弱，除了组织和环境的培育，更多的是她不服输的好胜心，每天保持14个小时的学习，为了节省时间就在图书馆解决三餐。高度的自律与严格的自我要求，是邓亚萍选择走出舒适圈，一切从零开始的卓越自身素质。如果亚运会、世乒赛和奥运会的冠军是她乒乓球生涯的三大满贯，那么获得清华大学学士学位、诺丁汉大学硕士学位和剑桥大学博士学位，就是她要完成的另一项大满贯。

实现人生价值，需要有坚定的理想，需要有正确价值观的指引。

人不可能生活在真空之中，各种错误的思想和社会中一些消极因素会对我们产生各种各样的冲击，这就需要我们学会明辨是非，坚定理想信念，用正确的价值观支撑自己。人生价值目标要与社会主义核心价值体系相一致。任何社会在一定的历史条件下都有其居于主导地位的价值目标，只有与社会主导的价值目标相一致的个体的价值目标，才能在现实中得到更好的实现。从个体追求人生价值的角度看，这个定向不可颠倒，个体对此认识越自觉、越深刻，人生价值的追求就越主动，实现的可能性就越大；反之则会陷入被动，走弯路，付出较大的代价，甚至迷失正确的价值目标。社会主义核心价值体系是中国特色社会主义社会的主流价值，体现了和谐社会建设所需要的文化认同和价值追求，是人们观察世界、判断事物的基本标准。我们要学会运用科学的世界观和方法论，正确认识社会现象中的是非、善恶、美丑，确立与社会主义核心价值体系相一致的人生价值目标。

## | 名人名言 |

我国是一个有着13亿多人口、56个民族的大国，确立反映全国各族人民共同认同的价值观"最大公约数"，使全体人民同心同德、团结奋进，关乎国家前途命运，关乎人民幸福安康。

——习近平《青年要自觉践行社会主义核心价值观——在北京大学师生座谈会上的讲话》（2014年5月5日）

## | 阅读与思考 |

当初姚明以状元的身份加入 NBA 时被人取笑，经过刻苦训练，姚明在赛场上努力拼搏、积极进取，赛场外睿智幽默、爱国敬业，拥有高尚的道德素养，得到了国际社会的认可，成为中美文化交流的桥梁。姚明也积极投身于慈善和社会公益事业，在四川汶川特大地震后，姚明第一时间捐款200万元人民币，接着又再次捐献200万美元，并且在美国积极带动美国民众对中国灾区的关注和支持，成立"姚基金"帮助地震灾区重建校园。作为中国体育明星的杰出代表，姚明一直以勤奋努力、爱国敬业、关注社会公益事业的形象出现在公众面前。在2007年9月，姚明联手纳什等 NBA 球星来中国做慈善，共筹集资金1000万元人民币，全部捐献给中国青少年发展基金会，救助西部贫困地区儿童。姚明塑造的完美人格形象已经深入人心，成为我国体育明星的表率。

1. 简述姚明作为体育明星的形象。
2. 举例说明体育明星价值观的导向作用。

# 第十章　坚定理想，铸就辉煌

## 一、体育生的理想与信念

**| 情境导入 |**

### 万众一心 迎接金色曙光

徐东香

"现在大家在电视画面上看到向我们走来的是中国代表团"，1992年，一个平常得不能再平常的晚上，那时我还是一个懵懂的小女孩。看着电视里，穿着红色礼服的中国代表团，跟随着飘扬的五星红旗，面带微笑，一边向观众挥手致意，一边昂首前进。这是巴塞罗那奥运会的开幕式，圣火点燃的那一刻，我既敬佩又激动，我的梦想也随之点燃。此刻的我心潮澎湃，幻想着有一天，我也能够像他们一样，代表中国参加奥运会。

也许是巧合，也许是机遇，不久以后，我成了一名业余运动员，参加体育训练，又阴错阳差地接触了赛艇。若干年后，我跨越了运动员的专业线，成了一名专业的赛艇运动员，开始了我漫长的体育生涯。

多少次起起落落，多少次浮浮沉沉，我们用青春交换辉煌，我们用汗水浇灌梦想。正因为我们不惧怕困难，所以一次又一次面对挑战。我们经历过坎坷，经历过泥泞，更经历过如何与梦想擦肩。每一次的成功都为我们带来了自信，每一次的失败都为我们坚定了信念。人生的处境有两种：一种是顺境，一种是逆境。在顺境中顺流而上，抓住机会，或许每个人都能够做到；但面对逆境时，如果你缺乏忍耐和智慧，那么自然会败下阵来。2000—2004年，我们虽然处在危难的逆境中，但我们抱着积极向上的态度，从不向命运低头！ 2006年，我们的付出得到了回报，终于站在了世界杯和世锦赛最高领奖台上。但我们不能因此而满足，因为我们还没站在奥运会的最高领奖台上。

我们用生命为奥运做着最后的积淀，用毅力排除一切阻挡在面前的困难，我们渴望五星红旗能够在我们的无私付出下，在北京的奥运赛场上飞扬。我们万众一心，不怕万难，迎接我们的必定是那一道金色的曙光！

——2008年浙江体育职业技术学院《金牌梦想征文集》

"多少次起起落落，多少次浮浮沉沉，我们用青春交换辉煌，我们用汗水浇灌梦想。正因为我们不惧怕困难，所以一次又一次面对挑战。我们经历过坎坷，经历过泥泞，更经历过如何与梦想擦肩。每一次的成功都为我们带来了自信，每一次的失败都为我们坚定了信念。"女子赛艇世界冠军徐东香说出了无数运动员的心声，那就是不想当元帅的士兵，不是好兵；不想拿金牌的运动员，也绝对不是好的运动员。拿金牌、夺锦标是每个运动员的梦想。雨果说，人有了物质才能生存，人有了理想才谈得上生活。你要了解生存与生活的不同吗？动物生存，而人是生活。人生在世，既离不开对物质的依赖，更离不开对精神的追求。富有理想，可以说是人和动物的本质区别之一，只有树立了正确的理想并为之奋斗的人，才能找到人生最美好的归宿。理想和信念是最基本、最典型的价值观表现形式，它们构成了价值观的支柱和核心。

## （一）理想的含义和特征

理想，简单说就是人生的奋斗目标。我国古代把理想称作"志"，诸葛亮曾告诫他的外甥："志当存高远。"就是说要有远大的理想。俗话说"有志者事竟成"，还有"有志者立长志，无志者常立志"等等，这些"志"都是指理想、志向。那么什么是理想呢？理想是指人们在实践中形成的，有可能实现的，对未来社会和自身发展的向往和追求，是人们的世界观、人生观和价值观在奋斗目标上的集中体现。

不同的人可能有不同的理想，有的层次高，有的层次低，有的自觉，有的盲目，有的鲜明，有的模糊，他们的理想同知识、理智紧密结合在一起，成为指导和推动社会实践的精神力量的源泉。崇高人生理想的追求，是人的生命的最高自我价值；社会理想的追求和实现，则是人的生命的最高社会价值。理想根据不同标准，可以分为个人理想和社会理想，近期理想和远期理想，生活理想、职业理想、道德理想和政治理想等。

理想具有时代性与阶级性。人们生活的时代不同，所遇到的经济条件、政治条件、社会环境和所具有的文化素养、认识能力不同，所产生的理想也不同。诗人流沙河还写过一首优美的诗《理想》："饥饿的年代，理想是温饱；温饱的年代，理想是文明；离乱的年代，理想是安定；安定的年代，理想是繁荣。"反映的正是不同的时代，人们的向往和追求不一样。在阶级社会中，理想是政治思想的核心部分，带有鲜明的阶级性。不同阶级的人们理想愿望不一样。孙中山的理想是建立资产阶级共和国，毛泽东的理想是建立社会主义国家，理想是人们在对现实的认识和总结的基础上，形成的对美好未来的向往和追求。它高于现实，超越现实。理想又具有可实现性和实践性。

## | 相关链接 |

　　1881年顾拜旦18岁，他在巴黎政治学院的讲座中说："法国人、德国人、英国人、意大利人和西班牙人都是喝着古希腊的文化乳汁成长起来的，其中也包括古代奥运会……既然德国人发掘了沉睡的古代奥运会遗址，为什么我们法国人不能展示她的灿烂光辉呢？"学生时代的顾拜旦表达了他的意愿。这个意愿逐渐清晰，逐渐系统，逐渐深化，逐渐形成了理论与规划。11年之后，29岁的顾拜旦在巴黎索邦大学的演讲中号召："希望大家一如既往地帮助我，与你们一道，我会坚持不懈地追求，实现一个以现代生活条件为基础、伟大而有益的事业：复兴奥林匹克运动。"这就是顾拜旦于1892年11月25日发表的《奥林匹克宣言》。此后，一个影响遍及全世界的现代奥林匹克运动开始了。

　　顾拜旦的一生是伟大的一生、光辉的一生，他把毕生的精力都奉献在捍卫人类的美和尊严，维护世界和平事业的现代奥林匹克运动复兴和光大中。他既知识渊博、道德高尚又躬身践履、参与改革。无疑，他是将奥林匹克运动从理想变为现实，为此写下波澜壮阔辉煌史篇的天才巨匠。

## （二）信念的含义和特征

信念同理想一样，也是人类特有的一种精神现象。信念以认知为基础，以情感为关键，以意志为保证，是认知、情感和意志的有机统一体，是人们在一定认识基础上确立的对某种思想或事物坚定不移，并身体力行的心理态度和精神状态。

信念具有执着性，即人们的某种信念一旦形成，就不会轻易改变。信念具有多样性，不同的人由于社会环境、思想观念、利益需要、人生经历和性格特征等方面的差异，会形成不同的乃至截然相反的信念。同一个人，在政治、经济、文化以及事业、学业和生活等方面，都会形成相应的不同层次的信念。信念的确立最终是主体的自觉选择，任何强迫、压服都是无济于事的。

在人的生命历程中，理想和信念总是如影随形，相互依存。理想是信念的根据和前提，信念则是实现理想的重要保障。在很多情况下，理想亦是信念，信念亦是理想。当理想作为信念时，它是指人们确信的一种观点和主张；当信念作为理想时，它是与奋斗目标相联系的一种向往和追求。两者的侧重点又有所不同，理想重在标志人与奋斗目标之间的关系，主要是指向未来的，为人们的行动指明方向；而信念的侧重点在于标志人对事物、观念的看法和态度，主要是面对现实的，为人们的行动提供精神支持。

## （三）理想信念对体育生成长成才的重要意义

在这个世界上，信念这种东西任何人都可以免费获得，所有成功的人，最初都是从一个小小的信念开始的，信念就是所有奇迹的萌发点。熊倪的成功，源自他的信念，一个对冠军梦想的追求和期盼，一个对成功坚持的信念，一个相信自己定能战胜困难的信念。正是因为熊倪心存这种信念，才能使他在一次又一次的困难面前勇往直前，突破重重困难，并且坚持到最后的胜利。

### | 经典案例 |

### 信念的力量圆了8年的奥运冠军梦

熊倪1982年进省队。1986年参加全国跳水冠军赛，一举夺得四项冠军，随即被选入国家队。1987年熊倪首次参加国际比赛，便夺得冠军。1988年在第24届奥运会上仅仅由于前冠军洛加尼斯的声望征服了裁判而以微弱差距屈居亚军。在1992年的第25届奥运会上，命运似乎在和这位天才开玩笑，他仅仅获得跳台第三名，不得不再次品尝卧薪尝胆的滋味。熊倪抱着坚定的信念走进了训练场，只是这次不再是10米跳台，而是3米跳板。在1996年7月的亚特兰大奥运会上，熊倪以近乎完美的表演为中国赢得了第一枚男子跳板金牌，圆了8年前的奥运冠军梦。

1997年八运会夺冠后熊倪退役。但在1998年，面对中国跳水跌入低谷，他毅然复出，表现出一位杰出运动员高度的责任心和荣誉感。复出后的熊倪成绩不断恢复，熊倪的个人特点是：悟性好，技术精，翻腾高，转体快，姿态美，水花小。

2000年9月26日，第27届悉尼奥运会男子跳板决赛，重新复出的熊倪力克强大的对手萨乌丁，决赛进程跌宕起伏，惊险万分，前五轮熊倪一直稍微落后于萨乌丁。最后一跳，萨乌丁小有失误。熊倪不负重望，跳出81.60分的高分勇夺冠军。

### 1.理想信念是人生航程的灯塔

人生不是用来消费，而是用来创造的，因此，我们需要在实践中不断地奋斗，而理想信念则为我们的奋斗指明了方向。列夫·托尔斯泰说："理想是灯塔。没有理想，就没有明确的航向；没有航向就没有生活。"确实，人生犹如在大海中航行，如果没有理想，就不会有明确的奋斗目标，就会像失去舵的船，随风飘转，随时都有沉没的可能。而有了坚定的理想，人们就能用理想之舵把握自己的航向，奋力拼搏，最后到达成功的彼岸。

的确，古今中外凡是有所建树的名人，都朝着自己既定的目标前进和努力着。人的内心深处与生俱来有种英雄情结，运动员谁都想当全运会、奥运会的英雄，而不愿做运动队的匆匆过客。任何一名运动员都是怀着一种美好的憧憬和热切的企盼步入运动队的，然后立志争上游，当冠军，夺金牌。王义夫说得好："我是一名射击运动员，从1976年底开始学射击，多年来我梦寐以求的，是在世界最高水平的奥运会比赛中夺取金牌，为祖国、为人民争得荣誉。"原中国女排队长孙晋芳说："我们女排连做梦也想着世界冠军呢！"正是这个为振兴中华体育的奋斗目标，使得他们最终获得了奥运会的冠军。因此，一个人只有树立了正确的理想、明确了奋斗目标，才能在人生追求中不断攀登，取得累累硕果，从而使自己的生命焕发异彩。

**|名人名言|**

理想犹如天上的星星，我们犹如水手，虽不能到达天上，但是我们的航程可凭它指引。

——舒尔茨

### 2. 理想信念是人生前进的动力

理想为人们向着既定的目标奋斗提供前进的动力，是人生的动力之源。在漫长的人生道路上，要肩负重要的使命，完成艰巨的任务，必须要有内在的精神动力，其中理想就能形成这样的精神动力。无数的事实和实践证明，有了理想，就会有人生前进的动力。

有位心理学家曾提出过一个著名的公式，即动力＝目标价值 × 期望概率，形象地揭示了个人拼搏的动力与理想之间的正比例关系。当一个人为了具有巨大目标价值的理想而奋斗时，就会产生强大的内在动力。反之，如果目标价值不大或期望概率较低，就会因丧失信心而缺乏动力。正如奥斯特洛夫斯基形象地把理想比作一个人心中的"发动机"一样，有了这个发动机，人就有了巨大的前进动力。理想所提供的动力的大小与理想的层次密切相关。一般来说，理想的层次越高，其所提供的动力就越大，反之则越小。

**|经典案例|**

姚明有自传《我的世界我的梦》，这里，姚明的梦便是他的篮球职业的理想，但姚明少年时，父母认为上大学是比成为篮球手更好的选择，因为能有稳定的工作。但最终他们还是支持姚明选择了他真心喜爱的篮球。训练时，如果球在地上，身高2.26米的姚明会弯腰捡球；比赛中，有人持球，姚明会拼命追抢；而有的大个子球员却不捡不抢。在勤奋和懈怠之间，姚明选择了勤奋。

闯荡 NBA 第一年，姚明打满了那个赛季全部82场比赛，困难、劳累，不休息地比赛，挺住、打好、再挺住……在挺住和趴下中，姚明选择了挺住。

乒乓球教练员蔡振华，放弃了国外优厚的条件，立志回国为振兴祖国的乒乓球事业做贡献，怀着报效祖国的满腔热情，带着伤病坚持在第一线，苦干、实干、巧干，终于使中国的乒乓球运动重新站在了世界的前列，成为全国运动队学习的楷模。中国乒乓球队50年长盛不衰的秘诀，也正是信念的作用。理想信念是激励人们向着既定目标奋斗进取的不竭动力。有着坚定的理想信念的人，绝不会轻易放弃奋斗目标，为了实现理想，走向成功，往往会付出不懈的努力。

3. 理想是人生的精神支柱

在追求理想和实现理想的过程中，人们要不断面对各种挑战、抵御各种诱惑、突破各种局限、克服各种困难。受市场经济的负面影响，部分运动员价值观念发生错位，表现为拜金主义、享乐主义、个人主义至上，有的把运动队当作跳板，达到自己的目的和利益后马上偃旗息鼓，或不顾国家和人民的利益，贪图国外高薪诱惑，千方百计滞留不归，等等。也有运动员不思进取，胸无大志，训练中怕苦怕累，"偷工减料"，甚至借故逃避训练，还有的抱怨津贴低、奖金少，"出工不出力"，特别是有了成绩就妄自尊大，把自己当成待价而沽的商品和向组织讨价还价的"筹码"。

人生既要有物质生活，也要有精神生活，二者不可或缺。理想作为人生的精神支柱，直接折射着一个人的精神状态。理想是人的精神生活的核心内容，它使人有所追求，有所奋斗，避免内心的空虚与迷茫；又引导人们提升精神境界，塑造高尚品格。作为运动员能代表祖国在赛场上取得优异的成绩，升国旗，奏国歌，那是运动员通过千辛万苦的努力之后，实现了人生理想和价值最灿烂的时刻，这一辉煌的瞬间也是运动员实现"报效祖国、为国争光"誓言最光荣的时刻，是用优异成绩回报祖国培养的最幸福的时刻，也是用奖牌来感谢教练员、运动队、家人最自豪的时刻。立志把自己铸造成为人民和社会欢迎的、具有为国家争光能力的高素质的体育专门人才，是我们每一名运动员都应该追求的人生目标。

| 经典案例 |

### 感动中国2012年人物——刘伟

当一名职业足球运动员是刘伟的青葱梦想，但10岁那年的一次触电事故，不仅让他失去了双臂，更剥夺了他在绿茵场上奔跑的权利。

耽搁了两年学业，妈妈想让刘伟留级，他死活不干。在家教的帮助下，刘伟利用暑假将两年的课程追了回来，开学考试，他拿到班级前三名。重回人生轨道的刘伟，一直对体育念念不忘，足球不行，那就改学游泳。12岁那年，他进入北京残疾人游泳队，两年后在全国残疾人游泳锦标赛上夺得两金一银。"在2008年的残奥会上拿一枚金牌。"刘伟跟母亲许诺。谁知厄运又来纠缠，过度的体能消耗导致免疫力下降，他患上了过敏性紫癜。医生警告说，必须停止训练，否则危及生命。无奈之下，刘伟与游泳说再见，走进了后来带给他成功的音乐世界。

练琴的艰辛超乎了常人的想象。由于大脚趾比琴键宽，按下去会有连音，并且脚趾无法像手指那样张开弹琴，刘伟硬是琢磨出一套"双脚弹钢琴"的方法。每天七八个小时，练得腰酸背疼，双脚抽筋，脚趾磨出了血泡。三年后，刘伟的钢琴水平达到了专业七级。"我的人生中只有两条路，要么赶紧死，要么精彩地活着。"在《中国达人秀》的舞台上，刘伟演奏了一首《梦中的婚礼》，全场静寂，只闻优美的旋律。曲终，全场掌声雷动，他是当之无愧的生命强者。2011年，刘伟又登上了维也纳金色大厅。

对刘伟的颁奖词是这样写的："当命运的绳索无情地缚住双臂，当别人的目光叹息生命的悲哀，他依然固执地为梦想插上翅膀，用双脚在琴键上写下：相信自己。那一段段轻盈的旋律，正是他努力飞翔的轨迹。"感动中国推选委员易中天这样评价刘伟："无臂钢琴师刘伟告诉我们：音乐首先是用心灵来演奏的。有美丽的心灵，就有美丽的世界。"推选委员陆小华说："脚下风景无限，心中音乐如梦。刘伟，用事实告诉人们，努力就有可能。今天的中国，还有什么励志故事能赶上刘伟的钢琴声。"梦想是刘伟人生的精神支柱！

相信运动员们也会在"更快、更高、更强——更团结"的奥林匹克格言中所体现的不断进取、永不放弃的奋斗精神鼓舞下，不畏强手，敢于斗争，敢于胜利，向人生的极限冲击，把攀登世界高峰作为自己义不容辞的奋斗目标，把祖国的荣誉、人民的利益放在第一位，胸怀远大的理想，立志为国家争光、为民族争气，为体育梦、中国梦的实现贡献自己的青春。

# 二、在实践中化理想为现实

| 情境导入 |

　　1993年8月7日，在美国加州的"李小龙遗物拍卖会"上，一张毫不起眼的小纸条成为人们竞拍争夺的宠儿，并最终以2.9万美元的天价被收藏家买走。这张小纸条究竟有何魅力，其实就是一段简短的宣言：

　　我，布鲁斯·李，将会成为全美国最高薪金的超级巨星。作为回报，我将奉献出最激动人心、最具震撼性的演出。从1970年开始，我将会赢得世界性声誉；到1980年，我将会拥有一千万美元的财富，那时候我及家人将过上愉快、和谐、幸福的生活。

——布鲁斯·李

　　这是李小龙在1969年1月与李峻九（人称"美国跆拳道之父"）谈论了生平大志和未来前景之后，踌躇满志，用英文在一张长10英寸、宽8英寸的便笺上写下的奋斗目标。

　　这张便笺的狂妄之语如果被当时好莱坞的人得知，一定会笑掉他们的大牙，因为当时的李小龙处境艰难，前途晦暗不明，虽然出演了几部电影，却都是怪异荒诞的配角形象，随时可能淹没在好莱坞层出不穷的造星工厂中，因此李小龙从来没有将它展示在人前，只有他的妻子小心收藏着，在他身边鼓励他。无论便笺上的豪言壮语有多么狂妄，都不如事实令人震惊：李小龙只凭借四部半的电影就赢得了世界级的声誉，将中国功夫扬名天下，并且让英文词典从此增添了一个新的词"Kungfu"（功夫）。时至今日，在许多外国人的眼里，李小龙就是功夫，而功夫就是中国。

### （一）把青春理想融入中国梦

社会理想是社会所追求的奋斗目标，是由多种因素构成的一个统一的整体，是一定社会对未来社会发展图景的总体设计，是民族凝聚力的体现。中华民族是一个有梦想有美好社会理想的民族。党的十八大以后，习近平总书记用"中国梦"这个概念，概括了中国这"两个一百年"的奋斗目标。由此可见，中国梦集中反映了近代以来中华民族的历史追求和当代中国的时代潮流。中国梦的追求及其价值内涵和中华民族的社会理想，两者之间有着极其密切的关系。

《齐物论》中有句名言："天地一指，万物为马。"就说整个天地，整个社会不过一匹马，从这点看，个人不过是马身上的细毛，作为马的一部分存在。社会理想这匹大马给了个人理想极好的发展条件，个人理想就必然发挥最大作用报答社会，这样才算是认清了生命的价值、理想的价值，因为社会理想是一个民族、一个国家奋力前行的向导，它的实现离不开每个社会成员的艰苦奋斗、共同努力。如果不能形成一股强大的合力，再美好的社会理想也是难以实现的。

"得其大者可以兼其小。"运动员从事的是特殊的职业，运动员的价值是自己的运动能力和优异成绩能够为社会所认可，并为祖国争光。因此，其理想必须建立在为祖国的体育事业，为社会体育事业发展创造优异成绩，为个人运动经历书写精彩篇章等基点上。习近平总书记指出："中国梦是我们的，更是你们青年一代的。中华民族伟大复兴终将在广大青年的接力奋斗中变为现实。"在2020年全面建成小康社会之后，到

2035年基本实现社会主义现代化，到21世纪中叶把我国建成富强民主文明和谐美丽的社会主义现代化强国，运动员生逢其时，也重任在肩。广大青年既是追梦者，也是圆梦人。追梦需要激情和理想，圆梦需要奋斗和奉献。青年兴则国家兴，青年强则国家强，体育强则中国强，运动员应该将青春志向笃定中国梦，把青春理想融入中国梦，用青春实践书写中国梦，在奋斗中释放青春激情、追逐青春理想，以青春之我、奋斗之我，为民族复兴铺路架桥，为新时代中国特色社会主义建设添砖加瓦。

## （二）立志高远与始于足下

常言道，有志之人立长志，无志之人常立志。有志气的人会树立一个远大的目标而坚持不懈地去追求，而无志之人经常会给自己树立目标，但又不去努力追求，有志者事竟成，志气的大小决定着成就的大小。大志大成，小志小成。人生的状态自然会有不同，但其实人的潜力是无穷的，只要有目标，就会使潜力得到充分的发挥。

没有远大的理想不行，但是理想不切实际也不行。唯有找到适合自己的人生目标，并且付出不懈的努力，梦想才有实现的可能。立志不可盲目，首先要对自己进行正确的人生定位。不自我否定，不夸耀吹嘘，在平衡中寻找自己的成才切入点。树立符合个人情况的志向，并坚定地做下去，正如一棵树要想成活、生长、开花、结果，必须深深扎根于肥沃的土壤之中，否则很难成活，甚至会凋谢、灭亡。同样，我们的理想之树也必须扎根于肥沃的土壤之中，也就是我们的理想目标的确定，必须切实可行，既要符合大多数人的需要，又要与客观现实和自身条件相统一，这样，我们的理想才能开花结果，否则理想只是无源之水、无本之木，难以实现。

在实现个人理想的过程中，因每个人的文化素养、身体素质和技术基础的不同，需找出不同阶段、不同时期的主攻方向，重点加以攻克，要实现为国争光的理想，运动员就要不断地学习先进的技术、科学的训练方法，不断提高运动成绩。信息时代，体育竞赛背后是科技大战，发达国家在科技体育方面已经走在前面，不学习就无法了解和掌握先进的理论、技术、方法，就谈不上赶超先进。做运动员是短暂的，运动员都要面临一个转型的问题，这与其他工作是不一样的，更需要运动员在从事运动训练期间，从各方面培养和造就自己，努力学习文化知识，为从事新的工作进行全面的知识和能力的储备。

**┃名人名言┃**

我看过你们不少比赛，每当看到我国体育健儿在重大国际赛事上顽强拼搏、勇创佳绩、为国争光时，我从心里面为大家喝彩。新时代的中国，更需要使命在肩、奋斗有我的精神。希望你们继续带头拼、加油干，为建设体育强国多作贡献，为社会传递更多正能量。

——习近平给北京体育大学 2016 级研究生冠军班全体学生回信

## （三）勇于实践艰苦奋斗是实现理想的根本途径

**┃名人名言┃**

为实现中华民族伟大复兴的中国梦而奋斗，是我们人生难得的际遇。每个青年都应该珍惜这个伟大时代，做新时代的奋斗者。

——习近平

　　理想信念不是拿来说、拿来唱的，更不是用来装点门面的，理想必须通过实践才能转为现实。再好的理想如果不行动，就没有实际意义。在体育赛场上，摘取金牌是每个运动员最高的境界，金牌挂在脖子上的一刻，等待我们的是灿烂的笑脸，所有竞争的残酷激烈、训练的艰辛疲惫早已统统置之脑后、烟消云散了。然而，谁能知晓，金牌是怎样铸就的？是压力中的爆发，是超负荷付出后的收获，是超越极限后的胜利，没有人能够轻轻松松收获成功。优秀射击选手许海峰在奥运会上实现金牌"零"的突破的梦想，他在运动生涯中走过了一段极其坎坷曲折的道路。他曾在几年间夺得省内冠军，但由于身材条件差，没有发展前途，一直没有进国家队，直到25岁。如果他经受不了一次次落选的打击，克服不了那么多的困难，不是加倍的努力训练拼命追赶失去的年华，那他也就不能成为奥运会上我国"零"的突破者了。

　　现代科技发展使得运动技术水平突飞猛进，竞技体育的竞争更加激烈。为了超越前人和对手，运动员不仅必须经过长期的以战胜自我为目标强度的训练，而且还要承受创新、创难动作带来的身体、生理和心理上的极大压力，甚至伤病的折磨，这给运动员们提出了严峻的考验。武术大满贯得主毛亚琪在她的《海阔凭鱼跃，天高任鸟飞》一文中写道："艰苦的训练过程，只不过是人生的一项考验，每一堂训练课，就好像人生的缩影。在短暂的人生旅途中，难免被碰得鼻青脸肿，头破血流。当你恍恍惚惚睁开眼睛时，你看到了什么？当你从尘埃中挣扎着爬起，你又看到了什么？没有永远宽阔平坦的道路，没有永远波澜不惊的河流，通往成功的道路不只是铺着红地毯、摆满鲜花，达到目标并非一朝一夕，一帆风顺，但我们不应轻易放弃。"

**| 经典案例 |**

### 《朗读者》徐国义：在该努力的时候，一定要全力以赴

他没有孩子，却有一个"大家庭"；他是教练，但更像父亲。在叶诗文、傅园慧、徐嘉余、吴鹏、陈慧佳等一个个闪亮的名字背后，都有他悉心的指导、殷切的期盼、全心的付出。他就是被人们称为"金牌教练""传奇教练"的国家游泳队教练徐国义。

从少年起亲自培养，到夺冠后摘得金牌，弟子们的成长背后藏着多少辛苦与付出，恐怕只有徐国义最清楚。但他始终无怨无悔、甘之如饴。日复一日、年复一年，在时光流转间，徐国义把全部精力都花在带队员上。他认为自己有能力、有感觉、有自信。夫人楼霞经常这样打趣，说他在带训练时是"脱缰的野马"，根本控制不住。而这一切的付出，都是为了一个最渴望的目标——让中国游泳挺起腰杆来。徐国义将生活的全部献给了游泳事业，对游泳队这个"大家庭"，他无微不至，爱如涓滴，训练时是严父，生活中似慈母；对待小家，他牺牲了许多的时间与乐趣，对家人亏欠太多。徐国义夫妇将全部的队员视为自己的孩子，身体力行诠释着父母的角色。言传身教，以身作则，让"孩子们"学会诚信、学会勤奋、学会感恩。

在徐国义眼中，做教练是他的本职工作，一片丹心唯本分，万般辛苦皆甘愿。2015年底，正在云南昆明进行高原训练的徐国义被查出患有脑部肿瘤，被紧急转移到北京进行了脑部开颅手术。曾有人劝他不要对工作太过投入，不妨趁年轻好好享受生活。但他总是这样回答："只要我们一天还在从事游泳

这个工作，就永远不会停止，永远都有下一个目标，永远都是从零开始。""因为我是教练，教练的职业就是带好运动员。"

——《朗读者》精选，

https://mp.weixin.qq.com/s?__biz=MzAwNTEyODg4OA%3D%3D&idx=4&mid=2650596591&sn=10cad3e83a69ed8d3d6d876d67052dbb

浙江泳军的"洪荒之力"来自队员们、教练们乃至背后团队的艰苦训练和实践，正如徐国义教练说的："在该努力的时候，一定要全力以赴，不要选择了安逸，不要投降于诱惑。"这是徐国义对弟子们的希望，也是他自己的写照。人们常说，人生只有3天：昨天，今天，明天。今天是昨天的希望，明天是今天的理想，要使自己获得美满的人生，既要珍惜今天，更要关注明天。梦在前方，路在脚下，自强者强，自强者胜！

| 阅读与思考 |

刘翔是中国运动员的骄傲，他在雅典奥运会上以12秒91的成绩平了由英国名将科林·杰克逊保持的世界纪录。这枚金牌是中国男选手在奥运会史上夺得的第一枚田径金牌，书写了中国田径新的历史！他是中国的骄傲，更是整个亚洲的骄傲。

### 刘翔自述成功秘诀：我能超过他

从小时候打玻璃球开始，我的好胜心便出奇得强，别人比我厉害，我就要比别人更厉害。我觉得，给自己设立个目标，总是好事。

刚进孙指导队里的时候，我是队里年龄最小、水平最差的一个，我把目标锁定在师兄沈真声身上。1997—1998年，他三次打破全国少年跨栏纪录。多少个傍晚，我自己留下来单独加练。我知道，要超过别人，就必须付出加倍的汗水和努力。和沈真声的正式交锋，他只比我快了0.01秒！虽然有点遗憾，但我有种强烈的感觉：我能超过他！我可以的！果然，2000年的全国田径大奖赛南京站，我真的超过他了！

而那时，我开始下意识地留意另一个人，即南京站比赛第一名：陈雁浩。当时的陈雁浩，从1993年开始一直称霸亚洲。

回来后我训练得格外卖力——当一件原以为是遥不可及的事情，一下子变得触手可及的时候，那种迫切的心情，会转化为一种动力。不久，全国田径大奖赛移师宁波，我终于超过了陈雁浩！

我开始寻找下一个目标。每一个练跨栏的人都知道阿兰·约翰逊的名字，在110米栏20个快于13秒的成绩中，有9个是他创造的！他是当之无愧的"跨栏王"。2002年，我参加了在希腊雅典举行的国际室内田径锦标赛。那是我第一次和约翰逊肩并肩地站在跑道上，遗憾的是在跨第二个栏的时候，我摔倒了，我只看到约翰逊的背影。

随着成绩渐渐提高，我和约翰逊面对面"过招"的次数也越来越多。整个2003年，我和约翰逊大大小小比了近10次，我全军覆没，没有一场胜绩，但我的成绩也慢慢进了前三名。那时，约翰逊仍像一座大山那样横在我的面前，但我隐隐感觉到，这座大山已远不像当初那样遥不可及了，我觉得接下来要做的就是翻越它！

2004年5月8日，日本大阪，国际田联大奖赛。我等的那一天，终于到来了。我跑了13秒06，而约翰逊是13秒13。我击败了世界"跨栏王"！此时，我的心灵深处又响起了那个声音——我可以的！我能超过他！

——《今日文摘》2007年第10期

1. 是什么给了刘翔如此大的刻苦上进的力量？

2. 结合材料谈谈刘翔如何在实践中一步步实现世界"跨栏王"的梦想。

# 参考文献

[1] 王伟光 . 人的精神家园 [M]. 北京：人民出版社，中国社会科学出版社，2014.

[2] 文红为，俞继英 . 论运动员为国争光与自我价值的实现 [J]. 体育文化导刊，2006（6）：3-5.

[3] 饶国栋 . 体育明星的公众形象与社会主义核心价值观研究 [J]. 运动，2015（17）：7-8，36.

[4] 王家忠 . 哲学七讲 [M]. 北京：中国社会科学出版社，2016.

[5] 任传华 . 马克思主义哲学 [M]. 北京：中华工商联合出版社，2014.

[6] 张震 . 哲学常识 [M]. 郑州：郑州大学出版社，2007.

[7] 颜绍泸 . 竞技体育史 [M]. 北京：人民体育出版社，2006.

[8] 缘中源 . 不可不知的 1000 个哲学常识 [M]. 北京：金城出版社，2010.

[9] 龙天启，等 . 体育哲学基础 [M]. 北京：北京体育学院出版社，1989.

[10] 饶远，陈斌 . 体育人类学 [M]. 昆明：云南大学出版社，2005.12.

[11] 向勇，王芳 . 体育节奏论（体育新视角丛书第二辑）[M]. 成都：四川出版集团，四川科学技术出版社，2015.

[12] 鲁威人.体育新闻报道[M].北京：中国传媒大学出版社，2005.

[13] 杨鹏飞,柳建庆,于志华.篮球比赛制胜因素的运动规律探析[J].武汉体育学院学报，2005（10）：82-85.

[14] 刘湘溶,刘雪丰.体育伦理：理论视域与价值范导[M].长沙：湖南师范大学出版社，2008.

[15] 国家体育总局.体育竞技与哲学[M].北京：人民体育出版社，1990.

[16] 陈小蓉.体育战术学[M].北京：人民体育出版社，2000.

[17] 华洪贵.为五环争辉：优秀运动员思想教育读本[M].北京：人民体育出版社，2005.

[18] 邵斌.高水平运动员训练行为控制理论[M].北京：人民体育出版社，2006.

[19] 谢泽新.青少年篮球意识训练[M].北京：人民体育出版社，2005.

[20] 教育部普通高中思想政治课程标准实验教材编写组.思想政治（生活与哲学）[M].北京：人民教育出版社，2017.

[21] 关景媛.体育哲学在中国——回顾与前瞻[M]北京：光明日报出版社，2021.